Für meine Tochter Riccarda,
für Roland, Sophia und Isabella

Maria Caiati

Vertrauen lernen

*Erfahrungen und Forderungen für
den Alltag im Kindergarten*

DON BOSCO

Die Deutsche Bibliothek – CIP-Einheitsaufnahme

Ein Titeldatensatz für diese Publikation
ist bei Der Deutschen Bibliothek erhältlich.

1. Auflage 1999 / ISBN 3-7698-1167-4
© 1999 Don Bosco Verlag, München
Umschlag: Michael Brandel
Satz: Undercover, Augsburg
Fotos: Maria Caiati
Gesamtherstellung: Don Bosco Grafischer Betrieb, Ensdorf

Gedruckt auf umweltfreundlichem Papier.

Inhalt

Eine Einladung 7

Vorausgeschickt 8
Allgemein gültige Sichtweisen verlassen 9
Den eigenen Weg suchen 9
Meine innere Stimme hören 10
Veränderungen schaffen 10

Die Erzieherin nimmt gern zwischen allen Stühlen Platz 12
Die Eltern 12
Die Kinder 14
Die Erzieherin selbst 17
Den eigenen Bedürfnissen und Zielen als Erzieherin auf die Spur kommen ... 18
Selbstwahrnehmung – eigene Grenzen ernst nehmen 20

Der Raum, in dem Kinder und Erzieherinnen wachsen können 23
Eine wohlwollende Umgebung 23
Atmosphäre und Haltung 24
Vertrauen schenken 25
Vorsicht! – Überall lauern Wunschbilder und Projektionen 27
Selbstgewählte Vorbilder der Kinder 29

Beobachten: die Grundlage pädagogischen Handelns 30
Selbstverständliche Vorerfahrungen von Kindern 32
Grenzen und Nachholbedarf 34
Kinder tun gerne, was ihre Bezugspersonen gerne tun 34
Beobachten hat Folgen 36
Zulassen – nicht verlassen 40
Zum richtigen Zeitpunkt einmischen 43
Üben des einfühlsamen Miteinanders 44
Durch Beobachtung kann Verbundenheit wachsen 49
Der erfahrene Blick – der offene Blick 52

Vertrauen lernen im Kindergarten ... 53
Eingewöhnen ... 53
Erfahrungen und Reflexionen für den Kindergartenanfang ... 53
Auf die Schule vorbereiten? ... 56
Lernwege ... 58
Der (gute alte) Stuhlkreis ... 59
Regeln: ein gutes Übungsfeld ... 62
Das Spielzeug ist für alle da!? ... 72
Kinder erstellen eigene Regeln ... 74
Gleiches Recht für alle ... 78
Spielen – Das heilige Abenteuer zulassen! ... 82

Gefühle ... 84
Was mich bewegt, geht mich an! ... 84
Verständnis für das Lebensgefühl der Kinder ... 85
Zum Glück verhelfen ... 87
Gefühle ernst nehmen ... 88
Was Kinder verletzt: abwertende Bemerkungen ... 89
Dankbarkeit oder Übertreibung? ... 90
Um Beachtung eifersüchtig ringen müssen ... 91
Wünsche erfüllen ... 92

Ordnung und Chaos ... 96
Druck und Gegendruck ... 96
Jetzt wird aufgeräumt! ... 98
Das eigene Verständnis von Ordnung – eine bunte Angelegenheit ... 100
Wie entsteht Unordnung? ... 102
„Es ist nicht gerecht wenn die Einen viel und die Anderen wenig aufräumen." ... 103
Aufräummodus finden ... 104
Meine Erfahrungen und Aufräumhilfen ... 104

Lob: eine Kritik ... 107
Jetzt warst du aber sehr brav! ... 107
Macht Loben selbstbewusst? ... 107
Mein Verständnis von Loben ... 112

Ein Nachwort für den Neubeginn ... 115
Danksagung ... 119

Eine Einladung

*Ein Funken Vertrauen einmal erwacht,
öffnet für immer den Weg.*
Jitoku Eki

Vertrauen seitens der Erwachsenen ist eine der Grundvoraussetzungen dafür, dass Kinder ihre Fähigkeiten entdecken und ausprägen können, Fertigkeiten erwerben und vor allem Selbst-Vertrauen entwickeln. In der pädagogischen Fachliteratur wird das Vertrauen als Basis gelingender Erziehung selbstverständlich vorausgesetzt. Was fehlt, ist die Frage danach, wie Erzieherinnen dieses Vertrauen lernen können und welche konkreten Handlungsmaximen sich daraus für die pädagogische Praxis ergeben. Diese Fragen sind deshalb so schwer zu beantworten, weil einfache Rezepte nichts zu ihrer Beantwortung beitragen können. Vertrauen lernen können Erzieherinnen und alle, die mit Kinder leben nur, indem sie sich mit Geduld auf einen Prozess einlassen, bei dem zunächst die eigenen Erfahrungen hinterfragt werden:
Welche Lernerfahrungen habe ich gemacht?
Wie viel Vertrauen wurde in mich gesetzt?
Welche Situationen in Kindergarten, Schule, Elternhaus haben mein Selbstvertrauen gestärkt?
Welche Erfahrungen haben Vertrauen oder Selbstvertrauen zerstört?
Habe ich selbst genügend Vertrauen in meine Fähigkeiten?
Habe ich genügend Selbst-Vertrauen, um anderen zu vertrauen?

Das eigene Erleben von Vertrauen befähigt, Vertrauen zu verschenken. Aufgrund meiner Erfahrungen als Erzieherin und Leiterin einer Kindertagesstätte wage ich den Versuch, meinen Weg des Vertrauen-Lernens nachzuzeichnen, ein Prozess der nie endet. Ich möchte Sie, liebe Erzieherin, lieber Erzieher, liebe Eltern und Lehrer einladen, mir dabei zu folgen und Spuren der eigenen Lerngeschichte zu entdecken.

Maria Caiati

Vorausgeschickt ...

1984 erschien das Buch „Freispiel – freies Spiel?". Seitdem halte ich Vorträge und Seminare zu diesem Thema. Anfangs hielt ich mich genau an den Inhalt des Buches, später wurden meine Ausführungen offener und persönlicher. Die Teilnehmer stellten Fragen, die nicht nur das Freispiel und den Kindergarten betrafen, sie fragten auch vieles, was mit dem alltäglichen Leben und ihrer eigenen Person als Erzieherin oder Erzieher zu tun hat. Probleme, die für alle wichtig waren, wurden heftig diskutiert.

Wichtige Fragen, die immer wieder auftauchten, waren unter anderem:

- Wie gehen Sie mit dem „Nichtstun" der Kinder um?
- Wie halten Sie es bei so viel Freiheit mit der Ordnung?
- Wie kann ich mir das Beobachten leisten, wenn es aussieht, als täte ich nichts?
- Ist das Beobachten wirklich so nötig?
- Wie halten Sie es mit dem Eingewöhnen der Kinder in den Kindergarten?
- Ist Loben Manipulation?
- Woran soll ich mich orientieren?
- Was ist meine Aufgabe als Erzieherin?
- Wie kann ich mich abgrenzen?

Die Zeit war jedesmal zu kurz, um alle brennenden Fragen zu beantworten und um alle Bedürfnisse der Teilnehmer zu stillen. So habe ich mich, nach einigen Zweifeln, zu diesem Buch entschlossen, um einerseits auf alle Fragen ausführlicher einzugehen und andererseits meine Anliegen mitzuteilen. Sicher werde ich nicht jedem Leser gerecht, vor allem wenn von mir Methoden, Erziehungsprinzipien und Rezepte erwartet werden. Mit diesem Werk möchte ich meine ganz persönlichen Erfahrungen aus meiner langjährigen Praxis als Erzieherin und Leiterin einer Kindertagesstätte und aus meinem Dasein als Mutter und Großmutter mitteilen.

Ich habe absichtlich keine theoretischen und psychologischen Hintergründe hinzugefügt. Die Texte sprechen für sich. Es liegt nicht in meiner Hand, inwieweit sich der Einzelne damit auseinandersetzt und ob Nutzen und Hilfe daraus erwachsen.

Wer sich mit dem Nach-Fragen und Nach-Denken auf einen Prozess einlässt, kann etwas in Bewegung setzen. Wichtig ist, das Eigene zu finden.

Allgemein gültige Sichtweisen verlassen

Zwiespältigkeit und Betroffenheit zeigte sich bei den Teilnehmern meiner Fortbildungen, wenn wir *allgemein gültige* Sichtweisen, Ziele, Urteile, Handlungsweisen verließen, dafür die jeweilige persönliche Meinung und Ansicht wachriefen. Unsicherheit breitete sich aus, wenn wir unsere Arbeit und die damit verbundenen allgemein gültigen Ziele in Frage stellten. Es ist ein Wagnis, die Hülle des Gewohnten abzustreifen, stattdessen Eigentlichkeit und Persönlichkeit zu zeigen, und sich dem Gegenüber als Person zu stellen. Sich in die Gleichgültigkeit – für alle „gleich gültig" – und in das neutrale Verhalten der Allgemeinheit einzureihen, bringt evtl. mehr Sicherheit. Das eigene Profil zu zeigen und Farbe zu bekennen ist anstrengend, hat aber mit Echtheit, Lebendigkeit und Schönheit zu tun.

Den eigenen Weg suchen

In der Arbeit mit den Kindern war ich ständig auf der Suche, in Begegnungen, Gesprächen, mit Referenten, in der Literatur, der Philosophie und der Kunst, nach dem Licht für meinen noch unklaren Weg.

In der *Auseinandersetzung* mit Vorbildern und Wegbereitern verspürte ich das Näherkommen zu mir selbst. Nicht in der *Nachahmung* und im Bedürfnis ähnlich oder gleich zu sein, erfüllte sich mein Wunsch, ich selbst zu sein. Für mich ist Glück das wachsende Vertrauen zu sich selbst, der Glaube an die Begabungen und Fähigkeiten und an den Sinn des Lebens. Da ich seit September 1995 im Ruhestand bin, kann ich vieles aus mehr Distanz, anders und klarer sehen. Natürlich habe ich noch immer Kontakte zu Kolleginnen und Kindern. Mein größtes Interesse gilt dem Menschen, dem Kind in seinem „Dasein" in dieser Welt. Daraus entstehen für mich zwei grundlegende Fragen, mit denen ich mich immer aufs Neue auseinandersetze:

- Wie und wo können wir den Kindern in ihrer momentanen Entwicklung beistehen, mit ihnen leben, ihnen die Umgebung schaffen, in der sie *selbst* sein dürfen und nicht nach unserer „Pfeife" tanzen müssen, um geliebt und geachtet zu werden?
- Und wo setze ich Grenzen, dass ich als Mutter/Vater/Erzieherin/Person noch *Ich* sein darf und mich nicht im Du verliere?

Meine innere Stimme hören

Woher weiß ich, dass ich mein Leben lebe und nicht die Wünsche und Vorstellungen anderer und woher weiß ich, dass ich den Kindern ihr Leben lasse? Die Umstände, in die ich geboren wurde und in denen ich aufgewachsen bin, gehören zu meinem Leben, so wie auch die Kinder schon ihre ganz eigene Lebensgeschichte mitbringen. Warum dann noch Zweifel?

Weil es so viele Möglichkeiten des Beeinflussens gibt: Weil andere besser wissen, was mir gut tut, wie ich zu sein habe, wann ich glücklich bin, was gesund für mich ist, welche Gefühle ich haben sollte, weil andere mir ihre Erfahrungen aufdrängen wollen, ihre Vorbilder, ihre Träume und mir meine eigenen Erfahrungen ersparen wollen.

Das gilt für jede Erzieherin und für jedes Kind. Wenn ich es noch nicht verlernt habe, auf meine innere Stimme zu hören, wenn ich sie zu Worte kommen lasse, wenn ich das Kind in mir beschütze und liebe, werde ich meine eigenen Wünsche, Vorstellungen, Träume, meine Wesenheit leben und *Ich* sein und es besser schaffen, Kinder sie selbst sein zu lassen.

Jeder von uns kennt diese Momente, wo wir sicher sind, dass es das *je meinige* Leben ist, welches ich lebe, dass es *mein* Herz ist, das aufgeht und lacht, dass es *meine* tiefen Gefühle eines Schmerzes sind und dass ich meine Lebendigkeit spüre. Auch Kinder wissen das von sich, nicht bewusst, nicht reflektiert, aber dennoch.

Veränderungen schaffen

Meine Gefühle sind immer meine Gefühle, ob andere sie analysieren, wissen wollen, woher sie kommen und wo sie hinführen, ob sie angeblich grundlos oder berechtigt sind. Es steht fest, dass meine Gefühle, die *meinen* sind, aber es ist nicht uninteressant zu entdecken, warum ich sie habe, ob ich weiter in dieser Art und Weise mit ihnen leben will, vor allem, wenn sie mich krank machen.

Kann ich durch Nachdenken, Analysieren, Erkenntnisse gewinnen, meine Gefühle und Reaktionen endlich *verstehen*, um sie zu verändern und ein glücklicher Mensch zu werden? Nein, natürlich nicht! Verstanden habe ich mit dem Verstand, aber dies ist möglicherweise der Anfang. Es braucht Zeit und Geduld, bis wir uns das „Verstandene", so wie wir in der Welt stehen, und „Erkanntes" einverleibt haben und selbstverständlich danach handeln, bis das „Wissen" aus dem Herzen und der Seele entspringt. Wir haben ein Leben lang Zeit, zu werden was wir sind. Sich auf einen Prozess der Veränderung einlassen zu können, braucht Selbstvertrauen, das sich aufbaut durch das Vertrauen, das andere in mich setzen und mich als Person annehmen, wie ich bin. Die bedingungslose Annahme öffnet neue Türen und Perspektiven.

Nicht Methoden, Ratschläge oder Techniken haben mir in meinem bisherigen Leben geholfen, meinen Weg zu gehen. Es war der Glaube an einen gnädigen Gott und die menschlichen Begegnungen, die Vertrauen in mich setzten, die Fragen an das Leben und an mich hatten, Menschen, die Liebe und Wärme aufkommen ließen und denen ich mich als Person stellen musste.

Die Erzieherin nimmt gern zwischen allen Stühlen Platz

Die Eltern

Darf ich mir überhaupt Gedanken machen über mein Wollen oder frage ich zuerst, was die anderen von mir erwarten? Da gibt es mich, die Kinder, die Eltern, die Leiterin, Bezirksleiterin und den Arbeitgeber, die Gesellschaft, die Politiker. Letztere sind zu entfernt, deren Meinungen sehr unterschiedlich und vage.
Was möchte der Arbeitgeber? Dass der „Laden" läuft, einen guten Ruf und keine Klagen der Eltern. Dass die Kinder gut versorgt sind und liebevoll behandelt werden.
Die Bezirksleitung und Leitung? Ebenfalls einen guten Ruf und vielleicht einen bestimmten Erziehungsstil, aber welchen und wie genau sieht er aus?
Was möchten die Kolleginnen? Team nicht zu unterschiedlich, das schafft Stress und Aufregung, am besten alle sind gleich und „ziehen an einem Strang".
Die Eltern? Da gibt es die Anspruchslosen, die froh sind, wenn sie einen Kindergartenplatz haben. Eltern, die sich wünschen, dass sich das Kind nur wohl fühlt. Andere Eltern fordern ein Konzept. Vor allem sollen die Kinder etwas lernen, also gefördert werden, so viel wie möglich. So ein kleines Mini-Abitur in der Tasche wäre nicht schlecht.

Aus vielen, mit Eltern geführten Interviews, ließen sich die folgenden Ergebnisse zusammenfassen:

Was macht einen guten Kindergarten aus?

- viel Platz und Außenflächen
- ... wenn die Kinder gerne in den Kindergarten gehen.
- ... wenn ich als Mutter ein gutes Gefühl habe.
- ... wenn die Erzieherin liebevoll mit den Kindern umgeht.
- ... wenn sie ihren Beruf gerne mag und sie ihn nicht nur wie einen Job ausführt.
- ...wenn die Erzieherin auf die Individualität der Kinder eingeht.
- ... wenn die Atmosphäre gut ist, wenn sie stimmt.
- Eigentlich spielen die Räumlichkeiten nicht die erste Rolle. Es ist die Person, von der alles abhängt. Traumhaft wäre, wenn sie nicht problembeladen, frustriert und unzufrieden wäre, sondern fröhlich, zufrieden, begeistert und eine wohlwollende Grundstimmung hätte.

Was sollen die Kinder lernen?

- Die Kinder sollen lernen, miteinander umzugehen, miteinander zurechtzukommen.
- Sie sollen in einer neuen Umgebung sich selbst behaupten und durchsetzen. Trotz Geschwistern ist diese Situation zu Hause anders.
- Die Kinder sollen lernen, ein paar Stunden ohne Eltern auszukommen und sich trotzdem wohlzufühlen.
- Die Kinder sollen lernen, sich gegenseitig zu helfen und Rücksicht zu nehmen.
- Sie sollen die Regeln einhalten.
- Die Kinder sollten auf die Schule vorbereitet werden.
- Die Kinder sollen lernen, zuzuhören und stillzusitzen.

Wie sollen diese Ziele erreicht werden?

- Alles hängt von der Person ab, die mit den Kindern umgeht. Was sie ausstrahlt, das werden die Kinder lernen.
- Indem die Kinder angewiesen werden und verschiedene Dinge üben.
- Durch das Lernen auch von den anderen Kindern.

Vor Jahren waren die Eltern noch heilfroh, wenn sie für ihr Kind einen Kindergartenplatz bekamen. Das hat sich sehr verändert. Es gibt mehr Plätze und aufgeklärte und anspruchsvolle Eltern. Viele informieren sich vor der Anmeldung, um einen Kindergartenplatz, der ihren Ansprüchen gerecht wird, zu finden. Dafür nehmen sie längere Anfahrtswege oder ungünstigere Öffnungszeiten in Kauf.

Das kann ich sehr gut verstehen. Ich habe mich immer gefreut, wenn fremde Eltern die Sprechstunde ausnützten und sich für die Räumlichkeiten, die Atmosphäre und den Erziehungsstil unserer Einrichtung interessierten. Es fanden erste Kontakte statt und ich übte mich, meine Anliegen so zu formulieren, dass die Eltern annähernd wussten, was sie erwartet, wenn sie ihr Kind anmelden wollten. Aufkommende Fragen gaben mir den Impuls, mir über meine Ansichten, mein Tun noch einmal Klarheit zu verschaffen.

Die Eltern interessieren sich nicht nur für ein geschriebenes Konzept (Papier ist geduldig), sondern wollen auch im persönlichen Gespräch hören, welche Einstellung und Ansichten die Erzieherin hat. Sie wollen wissen, wie mit ihren Kindern umgegangen wird, welche Werte und Ziele der Erzieherin wichtig sind, wie das Tagesgeschehen abläuft und wie die Erzieherin mit diesem oder jenem Problem umgeht. Warum viel oder wenig, nach Schablonen oder ohne gebastelt wird, warum die Kinder bis zu einem bestimmten Zeitpunkt im Kindergarten sein sollen, wie oft und wie lange die Kinder sich im Freien aufhalten und was es zum Essen gibt.

Die Erzieherin, die sich selbst im Klaren ist, was und warum sie etwas tut, davon auch überzeugt ist, dafür die Verantwortung übernimmt, kann den Eltern angemessene, zufriedenstellende Auskünfte geben. Fehlt diese Klarheit, kann sie sich schneller bedrängt fühlen. Die Eltern haben als Eltern ihre Kompetenz und möchten sie nicht verteidigen müssen, wollen diese anerkannt wissen.
Verschiedene Eltern wünschen im Kindergarten zu hospitieren. Nicht jede Erzieherin ist damit einverstanden. Sie hat ihre Gründe. Aber darüber kann man sprechen. Ich hatte oft Elternbesuche oder Hospitanten im Gruppenraum. Dazu habe ich einige Bedingungen gestellt:

- Sie sollten sich auf keinen Fall in das Spiel der Kinder einmischen oder andere Dinge regeln wollen.
- Sie sollten sich abseits aufhalten, nicht den Kontakt mit den Kindern suchen, sich eher innerlich abgrenzen und tatsächlich beobachten.
- Sie sollten während der Beobachtung nicht über die Kinder sprechen und Fragen an mich zu einem späteren Zeitpunkt klären.

Der anschließende Austausch mit den Hospitanten war meist aufschlussreich und sehr anregend, aber ich genoss es sehr, wenn meine Kollegin und ich wieder ganz unter uns waren.

Die Kinder

Was wünschen die Kinder? Sie möchten sich wohl fühlen, geachtet werden, individuellen Bedürfnissen nachgehen dürfen, Gerechtigkeit, Wohlwollen, Zuwendung und Liebe erfahren.
Natürlich wollen wir den Kindern für ihr zukünftiges Leben etwas mitgeben. Aber jeder hat das Recht auf das momentane Glück. Der Umgang mit den Kindern, die Angebote, Impulse und gezielten Beschäftigungen, das Leben, das wir mit ihnen leben, hat vor allem für jetzt seine Gültigkeit und Berechtigung.

Wir erkennen die momentane Wirkung, ob sie sich wohlfühlen, glücklich sind oder ob sie sich verletzt oder verlassen fühlen.
Die Interviews der ehemaligen Kindergartenkinder zeigen ihre Verschiedenartigkeit und das, was sie wahrnehmen, bzw. an was sie sich noch erinnern.
Es liegt mir fern, sie zu analysieren. Sie sprechen für sich und Sie liebe Leser werden selbst ihre Schlüsse daraus ziehen. Mich haben die Aussagen der Kinder teilweise sehr berührt:

Thomas, 22 Jahre:
Keine Erinnerungen, doch – aber ganz vage. Jürgen war älter als ich und mein Freund. Er band mir immer die Schleife (Schuhbänder), wenn ich sie mir nicht selber binden wollte. Einen Jungen konnte ich gar nicht leiden. Zum Mittagsschlaf legte ich mich immer auf einen Platz, wo ich mich so drehen konnte, dass mich niemand sehen konnte. Ich brauchte zum Einschlafen einen Schnuller und benützte ihn ganz heimlich unter der Decke. Es war mir furchtbar peinlich, besonders vor den Kindern. Die Erzieherinnen hatten nie etwas gesagt. Ich habe nur Angst gehabt, dass mich die Kinder vielleicht auslachen, obwohl mich gar niemand ausgelacht hat.

Kristina, 26 Jahre:
Ich kann mich sehr gut an das Tanzen erinnern. Die Musik kam von der Schallplatte. Kasperletheater, das uns vorgespielt wurde, war sehr schön.
Anhand meiner noch existierenden Malmappe stelle ich fest, dass ich gerne und viel gemalt habe und ich finde es schön, dass die Kindergärtnerinnen die Kinderzeichnungen so ernst genommen und sie gesammelt haben. Einmal haben wir in einem Krankenhaus einem kranken Kindergartenkind vorgesungen und ihm die Zeichnungen, die wir vorher gemalt hatten, überreicht. Das hat mich sehr beeindruckt.
An die Spaziergänge zum nahegelegenen Park erinnere ich mich auch. Der Stuhlkreis ist mir weder gut noch unangenehm in der Erinnerung, aber ich weiß nicht mehr, was wir gemacht haben.

Anna, 15 Jahre:
Im Kindergarten war es sehr schön. Das Einzige, was ich nicht gemocht habe, war der Mittagsschlaf, ich wollte lieber länger spielen. Ich habe immer neben Matthias gelegen und wir haben unter den Decken mit einem Zauberstab gespielt, der geleuchtet hat. Ich fand es dann sehr ungerecht, dass die Kinder, die wirklich geschlafen haben, Süßigkeiten bekommen haben und gelobt wurden. Unsere Decke war sehr verwurschtelt und wir mussten sie allein zusammenlegen und aufräumen.

Lydia, 22 Jahre:
Ich kann mich kaum noch an den Kindergarten erinnern. Nur die Kücheneinrichtung, die weiß ich noch ganz genau. An ein besonderes Erlebnis erinnere ich mich noch, nämlich, dass ich ausgelacht wurde. Es war Fasching und die anderen Kinder lachten mich wegen meines Faschingskostümes aus. Mir gefiel mein Kostüm sehr gut. Ich war so traurig und ich konnte mich nicht beruhigen. Die Erzieherin telefonierte mit meiner Mutter, die mich noch während des Festes abholte.

Katharina, 22 Jahre:
Wenn ich an meine Kindergartenzeit denke, habe ich ein Gefühl von Geborgenheit, von

Spaß haben, von Ausprobieren und Entdecken dürfen.

An Angstgefühle kann ich mich nicht erinnern. Nur an meine Schüchternheit. Und dass wir alle an der Bürotüre der Leiterin vorbeigeschlichen sind. Wir hatten eigentlich keine Angst, aber sie war eine Respektsperson. Wenn jemand bestraft werden sollte, musste man zu ihr ins Büro und das war sehr unangenehm. Sie schaute einen ernst und streng an und sagte, dass man dies oder jenes nicht machen dürfe. Dann verließ man wieder das Büro. Das war Strafe genug. Die Leiterin war außer bei der Morgenversammlung und der Stille-Minute, wo sie ebenfalls sehr streng wirkte, nie bei uns. Mittags gab es Tee, der hoch auf einem Regalbrett stand. Er war für mich unerreichbar. Ich hätte um den Tee fragen müssen, dazu fehlte mir der Mut. Deshalb habe ich nie Tee getrunken, obwohl ich ihn gerne gehabt hätte. Das hat nie jemand gemerkt. Die Person, die für das Tee-Austeilen zuständig war, hatte sonst nicht viel mit uns zu tun. Sie erledigte andere Dinge. Wir hatten keinen Kontakt zu ihr.

Am liebsten habe ich in der Puppenecke gespielt. Dort gab es eine Puppe, die ich sehr liebte. Niemand sonst interessierte sich für sie, so konnte ich ständig mit ihr spielen und sie mir sogar mit nach Hause nehmen. Wir durften uns im Kindergarten Spielsachen ausleihen. Das fand ich wunderbar. Später schenkte mir die Leiterin die Puppe und meinte, dass es keine bessere Puppenmutter gäbe als mich. Diese Puppe habe ich heute noch.

Im Bastel- und Malzimmer hat es mir auch sehr gefallen. Wir gehörten nicht in eine feste Gruppe, wir durften in jedes Zimmer gehen und spielen. Es gab wenig Streit, wie waren wenig Kinder und alle waren sehr behütet. Wir durften immer frei entscheiden, was wir tun wollten, außer wenn wir eine bestimmte Arbeit fertigmachen mussten. Manchmal spielte die Leiterin Kasperltheater, das war auch sehr schön.

Der absolute Traum aber war das Ball-Haus. Ein Haus mit vielen kleinen Plastikbällen. Dort konnte man herumtoben, die Bälle werfen und sich vergraben. Man durfte zu zweit in das Haus und nach einer bestimmten Zeit – ich glaube 5 Minuten – kamen die nächsten dran. Jedes Kind wartete sehnsüchtig, in das Ball-Haus zu kommen. Aber leider war es selten zugänglich. Das war sehr, sehr schade! Und ich weiß nicht, warum es fast immer geschlossen war.

Der Garten war groß und schön. Ich kletterte fast immer auf das Klettergerüst.

Melanie, 19 Jahre:

Ich habe mich sehr auf den Kindergarten gefreut. Meine Mutter hat mich gut vorbereitet und mir den Kindergarten sehr schmackhaft gemacht. Ich war schon fünf Jahre, hatte viele Freunde und spielte gerne in der Puppenecke.

An eine Sache kann ich mich besonders erinnern. Wir durften Walt-Disney-Figuren ausschneiden und auf ein Blatt kleben. Die Figuren waren mir aus den Comic-Heften und dem Fernsehen bekannt. Das schönste war, dass ich das fertige Blatt und ein paar extra ausgeschnittene Figuren nach Hause nehmen durfte.

Im Garten hat es mir auch gut gefallen. Dort schaukelte ich sehr oft und sehr gerne. Toll war auch, dass wir manchmal mit Kisten, an denen Räder befestigt waren, den Berg hinunterrollten. Das war eigentlich verboten! An das Vergnügen mit den Hüpf-Bällen kann ich mich auch noch erinnern.

Ein dreijähriges Mädchen war sehr frech und hat uns gebissen. Wir Großen wurden immer beschuldigt und beschimpft, dass wir doch Rücksicht auf die Kleinen nehmen sollten. Das hat uns sehr geärgert.

Simon, 17 Jahre:
Eigentlich war es ganz schön im Kindergarten. Das Essen hat mir immer sehr gut geschmeckt. Der Mittagsschlaf war blöd und ich konnte nicht schlafen, weil ich immer raus wollte. Ich hatte viele Freunde, habe mit ihnen in der Bauecke gespielt und gebastelt. Man musste immer das aufräumen, mit was man gespielt hat. Es gab Dinge, so wie Singen und Gesellschaftsspiele, da mussten alle mitmachen, das war ganz normal.

Eine Erzieherin war sehr gestresst, die konnte niemand leiden, die hatte mich einmal verhauen, weil ich ein Kind geärgert habe.

Am schönsten war es, wenn wir rausgingen, da war es wunderbar und dann ging es mir wieder besonders gut.

Die Erzieherin selbst

Und was möchte die Erzieherin? Oft möchte sie es allen recht machen!

Die verschiedenen aufgezählten Wünsche der Eltern, Kolleginnen und Vorgesetzten haben ihre Berechtigung und ihre Gründe. Aber es ist utopisch, alle Wünsche oder Forderungen zu erfüllen und das ist auch nicht Aufgabe der Erzieherin. Es ist wichtig, die eigenen Träume und Visionen nicht zu verlieren.

Nach ihren Wünschen für die Arbeit in Kindertagesstätten befragt, antworteten die Erzieherinnen in meinen Fortbildungen:

- Dass die Abschieds-Zeremonie zwischen Mutter und Kind nicht im Gruppenraum stattfindet. Das kann zusätzliche Unruhe bringen und manches Kind fühlt sich an die eigene Trennung von den Eltern erinnert. Entweder sollten die Eltern ihr Kind vor der Türe verabschieden oder es der Erzieherin im Gruppenraum übergeben.
- Dass sich die Eltern nicht mehrmals verabschieden und demonstrativ abwarten, wann ihr Kind den geeigneten Spielpartner

gefunden hat. Wiederholtes Abschiednehmen macht das Kind unsicher und das Warten der Mutter setzt es unter Druck. Beides trägt nicht dazu bei, dass sich das Kind wohler fühlt.
- Dass Eltern morgens nicht mit ihren Straßenschuhen durch den Gruppenraum spazieren. Es ist sehr unhygienisch und wenig einfühlsam, denn die Kinder halten sich sehr oft auf dem Boden auf.
- Dass sich die Eltern nicht in das Gruppengeschehen einmischen, ihrem Kind Spielort und Spielzeug aussuchen, womöglich Konflikte regeln und andere Kinder mit Vorwürfen bedrängen.
- Dass die Eltern ihre Kinder rechtzeitig bringen und beim Abholen das Kind nicht unter Zeitdruck gerät, schnell aufräumen zu müssen.
- Dass Eltern nicht ins Zimmer platzen, sondern behutsam den Raum betreten.
- Dass zwischen Tür und Angel keine wichtigen Gespräche erzwungen werden, sondern dass man sie auf einen späteren Zeitpunkt verschiebt.
- Dass wichtige Informationen nur kurz mitgeteilt werden, wenn möglich schriftlich.
- Dass nicht über, sondern mit der Erzieherin gesprochen wird.
- Dass die Eltern ihre Hilfe anbieten, dass sie Interesse am Kindergarten zeigen.
- Dass sich Eltern nicht in die Kompetenz der Erzieherin einmischen, sondern ihr Vertrauen entgegenbringen.

Den eigenen Bedürfnissen und Zielen als Erzieherin auf die Spur kommen ...

Die folgenden Fragen[1] sehe ich für den eigenen Lernprozess als Erzieherin als wichtig und hilfreich an:

- Warum habe ich diesen Beruf gewählt?
- Warum wende ich mich mehr den Kindern als anderen Personen zu?
- Wovon habe ich früher geträumt?
- Hat das, was ich jetzt tue, etwas mit meinen Träumen zu tun?
- Was habe ich für Vorbilder? Richtlinien? Werte?
- Was finde ich schön an meinem Beruf?
- Was würde ich tun, wenn ich könnte, wie ich wollte?
- Was kann ich davon realisieren?

[1] Die Fragen entstanden in einer Fortbildung mit Günther Funke, Theologe und Existenzanalytiker, Fortbildungen für Erzieher/-innen.

- In welchen Situationen fühle ich mich am wohlsten?
- Wie oft erlebe ich solche Situationen?
- Was kann ich verändern?

Was ist meine Aufgabe als Erzieherin? Ich möchte mir meine Aufgabe so stellen, dass ich sie auch erfüllen kann. Noch einmal die Frage: *Was will ich? Was ist mir wichtig?*
- Dass die Kinder gerne zu mir in die Gruppe kommen?
- Dass es mir gut geht?
- Dass die Eltern ... Arbeitgeber zufrieden bis begeistert sind?
- Dass die Kinder im Sozialverhalten gefördert werden, Kreativität, Selbstbewusstsein entwickeln, gruppenfähig werden und auf die Schule vorbereitet werden, harmonisch sind, sich vertragen, nicht so viel streiten, Begeisterungsfähigkeit beibehalten und entwickeln ... ?

Ist das wirklich meine Vorstellung von meinem Dasein als Erzieherin, ist mir diese bewusst, oder schleichen sich da unbemerkt Meinungen anderer Menschen und Weltanschauungen ein?

Wenn ich mir klar bin, was ich will, was mir wirklich wichtig ist, sollte ich überlegen, ob ich und wie ich meine Ideen und Ziele umsetzen kann.

Will ich und kann ich die richtigen Wege der Sozialerziehung einschlagen? Wie soll das geschehen? Liest man Geschichten über dieses Thema vor, erzählt man darüber, sieht man Bilderbücher an, spielt man Szenen nach, sieht man sich Filme an? Wenn es Rezepte gäbe, wie Erziehungsziele am besten zu erreichen sind, könnten sich die Menschen zu dem machen, was sie sich ersehnen. Es gibt zwar viele Bücher, in denen Wissenswertes geschrieben steht und zu lesen ist, aber wenn ich auf der letzten Seite angelangt bin, bin ich meistens noch der selbe Mensch und habe wenig oder gar nichts für mein Leben dazugelernt. Manches habe ich überlesen, mir zurecht gelesen, manches nicht verstanden, unglaublich gefunden, von manchen Sätzen war ich begeistert, weil mir der Inhalt sehr vertraut war, ich in meinem Inneren schon davon wusste, es erahnte und der Autor es mir verständlicher dargestellt hat. Wie also sollen diese „Ziele", die mit dem puren Leben zu tun haben, erreicht werden?

Eine Antwort auf diese Frage können nur Sie selbst in Ihrer eigenen Situation finden. Ich möchte Sie ermutigen danach zu suchen.

Von Kolleginnen und Eltern höre ich hier und da, dass früher alles besser gewesen sei. Der Rahmen war enger gesteckt und man handelte wie alle anderen. Es gab nicht die große Freiheit von heute, in der man sich orientierungslos verliert. Man durfte den Kindern noch etwas sagen, seine eigene Meinung äußern, auf Höflichkeitsformen achten usw. Die Arbeit ist stressiger und der Umgang mit den

Kindern und Eltern wird, obwohl die Gruppenstärken sich reduziert haben, schwieriger. Meiner Ansicht darf man den Kindern immer noch etwas sagen. Aber: sie nehmen nicht mehr alles hin, leisten Widerstand, wollen diskutieren und geben Antworten, an denen man zu kauen hat. Das macht manchen Erwachsenen Angst. Man muss schließlich Farbe bekennen, seine Konturen zeigen und es besteht die Gefahr, nicht mehr der Freund des Kindes, des Jugendlichen zu sein. Eltern und Kinder können zwar eine freundschaftliche Beziehung haben, aber die Eltern bleiben immer die Eltern und die Kinder sind auch mit fünfzig Jahren noch die Kinder.

Es ist unbestritten, dass es heute weniger Orientierungsmöglichkeiten gibt. Nichts ist mehr wie früher. Ich sah das Meer zum ersten Mal als ich 21 Jahre alt war. Heute reisen die kleinen Kinder um die ganze Welt. Es geht nicht darum, was besser oder schlechter ist. Es ist wie es ist. Um so mehr sollte sich jeder zu sich selbst bekennen, den Kindern genügend Reibungsfläche bieten, damit sie wiederum das Eigene finden.

Selbstwahrnehmung – eigene Grenzen ernst nehmen

Mein älterer Bruder erkrankte an Diphtherie und musste ins Krankenhaus. Am darauf folgenden Tag fühlte ich mich schlecht und hatte Halsweh. Natürlich musste ich trotzdem in die Schule gehen. Dort verschlimmerte sich innerhalb von ein paar Stunden mein Zustand, so dass ich vor Beendigung des Unterrichts nach Hause gehen durfte, und zwar 2 km zu Fuß. Die Ärztin kam erst nachmittags und stellte schwerste Diphtherie fest. Noch am selben Tag lag ich im Krankenhaus, das ich erst nach 3 ½ Monaten – lange nach meinem Bruder – verlassen durfte.

Kann man lernen, auf sich zu hören, die eigenen Bedürfnisse und Befindlichkeiten wahrzunehmen und trotzdem Verantwortung übernehmen?

Selten war ich eine gute Schülerin, empfand die Schule als Last, manchmal als Qual und verlorene Zeit. Schade, es hätte auch anders sein können. Erst als die Schule mit meinem Beruf etwas zu tun hatte, Praxisnähe aufzeigte, wurde sie für mich interessant und annehmbar.

Als Kind wurde mir nur gelegentlich geglaubt, dass ich mich nicht gut fühlte, man nahm immer an, ich würde die Schule schwänzen wollen.

Als ich schon fast erwachsen war, hatte ich mir die Information „Erst die Pflicht und dann das Vergnügen" bereits einverleibt. Wenn ich auf den „leichtsinnigen Gedanken" kam, meinen seelischen oder körperlichen Wünschen nachzugehen, glaubte ich, mir das nicht mehr leisten zu können.

Ich liebte meinen Beruf und durch meine Begeisterung verausgabte ich mich manchmal zu sehr. Leise Anzeichen von Unwohlsein, Halskratzen, die Sehnsucht nach einem Tag Ruhe, ein paar Stunden mehr Schlaf, ignorierte ich selbstverständlich. Erst wenn ich vollkommen am Ende war, blieb ich zu Hause, immer mit schlechtem Gewissen. Manchmal wartete ich, dass meine Kolleginnen mich wegen meines Gesundheitszustandes nach Hause schickten. Es folgten fünf bis zehn Krankheitstage; hätte ich früher auf mich gehört, wäre ich vermutlich nur einen, höchstens zwei Tage vom Dienst fern geblieben.

Als ich Leiterin war, das Team bestand aus neun Kolleginnen, Teilzeit und Vollzeit, Praktikanten und mehreren Hospitanten, wurde ich noch „verantwortungsbewusster", denn ich war ja Vorbild. Ich predigte zwar meinen Kolleginnen, auf sich zu hören und nicht bis zur Erschöpfung zu arbeiten, aber sie befanden sich in den gleichen Zwängen wie ich und reagierten meistens wie ihr „Vorbild".

Wie meine persönlichen Erfahrungen zeigen, ist es wichtig, auch für die eigenen gesundheitlichen Bedürfnisse und Grenzen Verantwortung zu übernehmen. Das Wissen um die eigenen Möglichkeiten und Kraftreserven schärft dann auch den Blick für die Notwendigkeiten und Bedürfnisse der Kinder.

Während meiner Berufstätigkeit gab es Tage, die mein Gleichgewicht, meine Geduld ins Wanken brachten.
Alles war mir zu viel, die Kinder zu laut und zu hektisch, das Telefon klingelte ständig und jeder wollte nur eine Kleinigkeit von mir. Nervös, erschöpft und ziemlich kraftlos fühlte ich mich besonders durchlässig, angreifbar und konnte mich in keiner Weise abgrenzen. Kolleginnen berichteten mir mehrmals von ähnlichen Zuständen.

Ich dachte über die Gründe nach und fand, dass ich zu viel im Kopf hatte, mehrere Dinge gleichzeitig erledigen wollte, mich selbst unter Druck setzte und dass zusätzlich das Wetter – der Vollmond, Neumond, der erste Schnee, ein Sturm, der Föhn – mich aus der Mitte brachte.
Ein Tag zu Hause, Ruhe und Entspannung, Kraft tanken, wäre sicher heilsam gewesen! Mein Kummer bestand vor allem darin, dass ich in diesem Zustand nicht viel zu einer schützenden, wohltuenden Atmosphäre für die Kinder beitragen konnte. An guten Tagen, die in der Überzahl waren, gab es viele Momente, wo ich die Kindergruppe mit dem „umarmen" konnte, was ich selbst für mich einen „blauen warmen geistigen Schutzmantel" nannte.

Die Empfehlung eines Arztes für schlechte Tage hieß: Wenn ich an solchen Tagen schon nicht zu Hause bleiben wollte, sollte ich mir vorstellen, wie ein Fels in der Brandung zu sein. Ich setzte mich mit diesem Bild auseinander, fühlte mich stärker, konzentrierter, ein wenig nach innen gerichtet, aber den Kindern trotzdem nahe. In diesen Momenten entstand zwischen mir und den Kindern eine neue Art der Beziehung und des gegenseitigen Austausches.

Kennen Sie Ihre eigenen Grenzen?

Der Raum, in dem Kinder und Erzieherinnen wachsen können

Eine wohlwollende Umgebung

Es sind frühkindliche Erfahrungen, die uns später etwas begreiflich machen können, zum Verstehen bringen, die unser Verhalten den Menschen und der Welt gegenüber prägen. Es ist nicht gleichgültig, in welcher Umgebung sich das Kind entwickelt, wie und wo es „lernt" und welche Erfahrungen es macht.

Aus diesem Grund sind für mich auch die folgenden Fragen wesentlich: Wie entsteht die Umgebung und Atmosphäre, in der die Kinder ihre Erfahrungen möglichst ohne Ängste und Zwänge machen können, wo Vertrauen sie umgibt, wo die Kinder mit Schutz rechnen dürfen, anstatt Druck zu verspüren? Eine Umgebung, in der das Kind leben kann, durch Regeln geordnet, damit alle miteinander leben können, d.h. nicht immer in Harmonie!

Dazu gehört die Erlaubnis, auch keine Erfahrungen zu machen, keine für uns sichtbaren.

Die Umgebung, von der ich spreche, sind Räume, in denen sich die Kinder und Erwachsenen aufhalten, das Zuhause, der Spielplatz, die Schule, der Urlaubsort und der Kindergarten.

Es ist entscheidend, wie viel Platz die Kinder und das Personal einer Kindertagesstätte zur Verfügung haben, mit welchem Mobiliar, Farben und Spielmaterial die Räume ausgestattet sind. Es ist von Bedeutung, von wie viel Licht die Räume erhellt werden und ob man diese Luft gerne atmen mag.[2]

Unter Licht verstehe ich nicht nur die wertvollen lebenswichtigen Sonnenstrahlen, die durch das Fenster scheinen, und unter Luft verstehe ich nicht nur, ob sie gut oder schlecht ist und wieviel Sauerstoff sie enthält, sondern ich meine den Geist, die Liebe, die Atmosphäre, die diese Räume durchfluten.

Was wird zwischen diesen Wänden gedacht, wie und aus welchen Beweggründen wird gehandelt, wieviel Ehrlichkeit und Aufrichtigkeit, Großzügigkeit und Humor wird gelebt? Gibt es Sicherheit und Geborgenheit, werden Gefühle und Träume bejaht, darf Begeisterung, Glück und Liebe den Raum erfüllen? Oder ist der Raum von Spannung, Zwist und Eifersucht besetzt, herrschen überwiegend Zwänge, Angst, Strenge und Vorurteile?

---

[2] Dieses Thema beschreibt Rudolf Seitz sehr anregend in seinem Buch „Erzieherin zwischen Lust und Frust" im Kapitel „Voraus-Setzungen", Mein Raum, erschienen im Don Bosco Verlag, München 1998.

Wenn Sie einen Raum betreten, spüren Sie seine Ausstrahlung, die unterschiedlich wahrgenommen wird. Die Gefühlsäußerungen des Wahrgenommen sind Ihnen sicher bekannt:
- Mir ist es hier zu eng.
- Ich fühle mich verloren.
- Es ist kalt und ungemütlich.
- Der Raum wirkt unbewohnt, beängstigend, steril.

oder:
- Hier fühle ich mich wohl.
- Hier möchte ich bleiben.
- Hier ist es urgemütlich, warm, lebendig, sympathisch, anregend, beruhigend usw.

Wenn ich von einem längeren Urlaub zurückkehre, muss ich mein Zuhause erst wieder beleben, es mit meiner Aura füllen, um mich wieder heimisch zu fühlen.

__Halte dich gerade!__
Als ich dreizehn Jahre alt war, ließ ich sehr oft Kopf und Schultern nach vorne fallen. Die meisten Erwachsenen schlugen mir zärtlich bis unsanft, mit den Worten „Halte dich gerade!" auf den Rücken. Ich hatte Sorgen und fühlte mich schlecht. Damals hatte ich von inneren Zuständen und äußerlicher Haltung keine Ahnung, auf keinen Fall veränderte sich meine Haltung durch die Symptombehandlung mit den gut gemeinten „Schlägen". Nach der Pubertät wurde ich von selbst wieder „gerade". Ich wurde selbstbewusster und hatte wieder Träume.

Atmosphäre und Haltung

Im Kindergarten wird die Atmosphäre von den Kindern, den Erwachsenen und von dem, was sich dort abspielt, geprägt. Vor allem ist es die Haltung der Erzieherin, die die Atmosphäre beeinflusst. In der Haltung zeige ich das, was ich bin, was ich denke, wie ich handle, meine Gesinnung den Menschen und der Welt gegenüber. Mein Aussehen, meine Art zu gehen, zu sprechen, mein äußeres Erscheinungsbild und meine Innerlichkeit ist auch meine Haltung und der Ausdruck meiner selbst.

Der Mensch drückt sich zu jedem Augenblick aus, nur wird es verschieden wahrgenommen. Ich kann nicht pauschal sagen, welche Haltung eine Erzieherin haben sollte, aber es ist wert, über die eigene Haltung nachzudenken. Wer dies getan hat und nicht zufrieden ist, kann die Haltung nur soweit verändern, wie er sich selbst verändert. So etwas geschieht nicht von heute auf morgen. Es ist ein langer Prozess und manchmal braucht man Hilfe dazu.

Manche sprechen von „Haltung einnehmen", d.h. für mich „sich nicht zu sich selbst zu bekennen", etwas vortäuschen wollen, etwas nicht zeigen dürfen. Das ist anstrengend und macht krank. Es ist natürlich möglich, dass man diese Einstellung der Vortäuschung zu seiner eigenen Haltung macht.

Damit sei nicht gesagt, dass ich die Menschen für unaufrichtig halte, die sich, statt ihren Ärger und Missmut ständig zu verbreiten und damit die Luft verpesten, um eine natürliche Freundlichkeit und Höflichkeit bemühen.

Meine Freundin und Nachbarin Karola erzählt mir: „Wenn meine Kinder von der Schule nach Hause kamen und mich sahen, wussten sie immer über meine innere Befindlichkeit Bescheid. Schon bevor ich sie begrüßte, hatten sie meine Haltung, meine Gespanntheit oder meine Gelassenheit und Ausgeglichenheit entdeckt. Dazu brauchten sie nicht meinen Gesichtsausdruck zu sehen. Es genügte ihnen meine Rückenseite, um zu wissen, wie es um mich stand. Ich konnte ihnen nichts verbergen und wenn ich versuchte, ihnen etwas vorzumachen, so tastete meine Tochter Susanne mit ihren Fragen besorgt meine Grundstimmung ab: ‚Geht es dir nicht gut? Was ist los? Bist du traurig? Bist du grantig? Bist du böse oder nervös?'
Das ich leicht zu durchschauen bin stimmt, aber ich erkenne auch bei anderen Menschen, die mir vertraut sind, wie es ihnen geht. Auch wenn sie sich verstellen, sich beherrschen, fühle ich ihren Konflikt. Selbst am Telefon erkenne ich an ihrem Atem, den Pausen und der Stimmlage ihre Grundstimmung."

So wie Karolas Kinder nehmen selbstverständlich auch andere Kinder die Grundstimmung und Haltung ihres Gegenübers war.
Mancher Erwachsener versucht sich zu verstellen. Wenn das Wort etwas anderes als die Haltung aussagt, werden die Kinder sehr verunsichert. Sie können ihrem Gegenüber nicht trauen, sich nicht auf es verlassen, sie „laufen ins offene Messer". Kinder zeigen offen, wer sie sind und sind deshalb besonders verletzbar. Vertrauen kann wachsen, wenn das Gegenüber Offenheit, Aufrichtigkeit und Echtheit zeigt. Dies aber birgt wiederum eine Verletzbarkeit in sich. Die meisten Menschen verhalten sich aber so, wie es ihrer Schutzbedürftigkeit am nächsten kommt.

Vertrauen schenken

Die Atmosphäre und das Wohlfühlen der Kinder hängt mit dem Denken und Handeln des Erwachsenen zusammen.

Eltern wissen, wie aufregend es ist, ihr Baby den ersten Abend mit einer bekannten Person alleine zu lassen. Obwohl das Kind generell

Der Glaube an die Kinder, an ihre Selbstentfaltungskräfte eröffnet neue weite Räume, dort können Kinder sich entwickeln und wachsen. Kinder haben einen feinen Sinn für die Atmosphäre, die sie in ihrer Kindertagesstätte vorfinden, nehmen diese atmosphärischen Schwingungen auf und geben sie im Umgang mit anderen weiter.

wunderbar einschläft, verhält es sich an diesem Abend besonders auffällig. Es quengelt vielleicht, wirkt ängstlich, trinkt schlecht, schläft nicht ein oder es ist im Schlaf sehr unruhig. Je gelassener die Eltern diesen Abend angehen und überzeugt sind, dass alles klappt, sich das Kind auch ohne sie wohlfühlen kann, umso unproblematischer wird der Abend verlaufen. Sich zu verstellen und so tun als ob, nützt gar nichts! Die Kinder spüren, was Sie ausstrahlen, welche Aura Sie umgibt.

Wenn das so ist, sind die Kinder praktisch der Erzieherin, den Eltern, den Erwachsenen, deren Denken und Handeln ausgeliefert. Das heißt, sie sind vom Wohlwollen, der Liebe, der Zuwendung, der Art das Kind zu sehen, abhängig. Der Glaube an das Kind eröffnet neue weite „Räume", dort kann es wachsen und gedeihen.

Spürt das Kind Missbilligung und Verachtung, wird es unsicher, vielleicht auch trotzig.

Die Kinder spüren die Ehrfurcht, aus der wir die Welt sehen, unser Glück, unser Wohlbefinden, unsere Begeisterung für etwas, ebenso unser Leiden, unsere Sorgen und Hoffnungslosigkeiten. Wir können es nicht verbergen. Das Grundgefühl liegt in der Atmosphäre, die Kinder nehmen es wahr.

Vorsicht! – Überall lauern Wunschbilder und Projektionen

Oft haben Erwachsene, Eltern oder Großeltern Wünsche an ihre Kinder, die diese nie erfüllen können. Die Erwachsenen stellen Dinge fest, die aus ihrer eigenen Wahrnehmung und ihren Problemen entstehen:
- Schade, dass du nicht meine Locken hast.
- Schade, dass du die dünnen Haare von ... geerbt hast.
- Schade, dass du nicht die Augen von ... hast.
- Du bist ängstlich, jammerst wie deine ...
- Schade, dass du nicht so geschickt bist wie ...
- Schade, dass du dich aufführst wie dein ...
- Schade, dass du die Unordnung von deinem ... geerbt hast

usw.

Eine Steigerung dieser Aussagen wäre: Du bist genau so wie ...! Was soll das Kind mit diesen Sprüchen und Feststellungen anfangen? Es wird nicht selbstbewusster und es kann auch nichts ändern. Vielleicht nicht für jeden sichtbar, aber dennoch – es bleibt ein Rest des Gefühls von Nicht-Angenommen-Sein, des Unvollständig-Seins aber auch des Festgelegt-Seins. Es kostet viel Kraft und Selbstvertrauen, sich als Kind und später als Erwachsener aus dieser Schublade der Unvollkommenheit zu befreien. Dieser Kraftakt wäre unnötig, wenn wir uns klar machen, was wir mit solchen Sprüchen verursachen.

Ist es wünschenswert, wenn das Kind mit positiven Bildern verglichen wird?
Zum Beispiel:

- Du hast den Namen deines wundervollen Vaters.
- Du erinnerst mich sehr an ...
- Du hast das bemerkenswerte Temperament von ...
- Du bist schön wie ...
- Ich bin froh, dass du bist wie ...
- Ich bin froh, dass du dich entwickelt hast wie ...

usw.

Im ersten Augenblick hören sich diese Vergleiche angenehm an. Warum vergleichen wir das Kind, sehen in ihm eine Person, die wir geliebt haben oder vermissen? Das Kind steht *an Stelle von,* und dieser positive Vergleich macht es genau so schwierig, sich aus dieser Position und Beeinflussung loszulösen und frei zu machen, das Eigene zu finden.

Will nicht jeder Mensch etwas Eigenes, Individuelles, Besonderes, Persönliches sein? Es sind Träume, Wünsche und enttäuschte Vorstellungen, die wir bedenkenlos auf die Kinder projizieren. Auch wir wollten nur den Ansprüchen unserer Eltern, Großeltern entsprechen. Haben wir uns selbst schon befreit?

Natürlich ist es für Kinder aber auch schön, am eigenen Äußeren Zugehörigkeit zur Familie festzustellen. Es kommt darauf an, die Eigenständigkeit des Kindes nicht in Frage zu stellen. Der Vergleich darf aus dem Kind nicht einen Ersatz für eine andere Person machen wollen. Anders ist es, wenn man Gemeinsamkeiten feststellt, die Zusammengehörigkeit signalisieren und damit Halt geben. „Du hast die blauen Augen von Mami geerbt!"

Ein Kind, das weiß, dass der Vater in der Familie wegen seiner Wutausbrüche abgelehnt wird, wird einen Vergleich mit diesem Vater auch als persönliche Ablehnung empfinden. Bei einem Wutausbruch des Kindes wirkt die Bemerkung „Du bist wie dein Vater, der kann sich auch nicht beherrschen" wie eine starre Festlegung. Trotz und das Gefühl, als Mensch ungeliebt zu sein, herrschen vor.

Ein anderer, positiver Ansatz wäre folgender Fall. Ein Vater versucht seinem Kind bei Schulschwierigkeiten beizustehen. „Ich kann verstehen, dass du mit dieser Fremdsprache Schwierigkeiten hast. Das ist mir genau so gegangen. Es ist für dich vielleicht etwas mühsamer als für andere, Sprachen zu lernen, aber das wirst du schon schaffen."

Auch eine Erzieherin ist immer wieder versucht, ein Kind mit anderen zu vergleichen, sei es mit der Mutter oder mit älteren Geschwistern.

Aufgedrängtes Vorbild

In der Wohnung über uns wohnte eine Familie mit einer Tochter, die zwei Jahre älter war als ich. Anneliese war wohlerzogen, anständig, folgsam, grüßte freundlich, spielte Klavier, war eine gute Schülerin und immer sauber und ordentlich gekleidet.

Mein Vater liebte mich zwar sehr, aber ich entsprach nicht immer seinen Vorstellungen, und wenn es Ärger zwischen uns gab, zählte er voller Begeisterung alle guten Eigenschaften von Anneliese auf. Ich war zornig, sehr gekränkt, und dachte nicht im Traum daran, meinem aufgedrängten Vorbild nachzueifern. Im Gegenteil: Ich fand sie unsympathisch und lehnte sie uneingeschränkt ab. Sie hatte keine Chance, je meine Freundin zu werden. Ich wollte nicht mit anderen Menschen verglichen werden, nicht sein wie andere, sondern nur ich selbst sein. Natürlich hatte ich Ideale und Vorbilder, aber die wollte ich selbst finden und im Laufe des Lebens wechseln dürfen.

Damals kam mein Selbstbewusstsein sehr ins Schwanken, heute nehme ich das Verhalten meines Vaters als unüberlegte und unsichere Erziehungsmethode an. Aus dieser Erfahrung heraus wurde ich – was Vorbilder betrifft – mit Kindergartenkindern und meiner Tochter sehr vorsichtig.

Selbstgewählte Vorbilder der Kinder

Als meine Tochter 10 Jahre war, wohnte ein gleichaltriges Mädchen über uns (welch ein Zufall!). Sie waren viel zusammen und ich mischte mich nicht in ihre Freundschaft ein. Etwas unruhig wurde ich, als ich bemerkte, dass meine Tochter dieses Mädchen so sehr bewunderte, dass alles was sie machte, toll war. Sie wollte wie ihre Freundin gekleidet sein, kopierte ihre Gangart, ihre Bewegungen, übernahm ihre Sprechweise, frisierte ihre Haare nach dem Vorbild der Freundin. Sie erhöhte ihre Stimme um eine Oktave (meine Tochter hat eine sehr tiefe, kräftige Stimme) und sie übte die Koloratur ihres Lachens ein. Letzteres ging mir auf die Nerven. Es klang hysterisch, unecht und fremd. Ich teilte ihr mein Unbehagen, meine Betrübtheit mit, dass ich es schade fände, dass sie nicht von sich überzeugt sei und wie ihre Freundin sein wollte.

Ob meine Worte etwas bewirkt haben, war mir nicht klar, aber die Bemerkung einer Freundin, das normalisiere sich mit der Zeit, gab mir Vertrauen. Nach ein paar Wochen war Riccarda wieder mehr von sich selbst überzeugt als von Daniela. Ich atmete erleichtert auf.

Auch im Kindergarten wählen sich Kinder ihre Vorbilder; meist sind es auffällige, stark wirkende, laute, ideenreiche oder in sich ruhende Kinder. Es fällt auf, dass sich vor allem Kinder mit wenig Selbstvertrauen „große" Vorbilder suchen.

An der Situation etwas ändern wird sich immer nur durch wachsendes Vertrauen des Kindes zu sich selbst. Den Raum, in dem Selbst-Vertrauen wachsen kann, gestalten Sie mit.

Beobachten: die Grundlage pädagogischen Handelns

Für mich hat das Beobachten und das freie Spiel der Kinder einen hohen Stellenwert. Die Kolleginnen und Eltern haben sehr unterschiedliche Ansichten dazu, zum Beispiel:

- Wenn ich beobachte, sehe ich mehr und greife oft zu früh in den Spielverlauf ein. So entsteht ein Konflikt in mir und ich bin unzufrieden.
- Ich habe die Vorstellung, dass die Eltern nicht mit dem Beobachten einverstanden sind und auch nicht mit dem, was ich den Kindern erlaube und verbiete.
- Ich komme mir beim Beobachten überflüssig vor, so als ob ich nichts täte. Darum plagt mich das schlechte Gewissen.
- Ich möchte es allen recht machen, den Kindern, den Eltern, meinem Arbeitgeber und mir. Da komme ich in Stress. Und dann soll ich auch noch die Zeit zum Beobachten finden?
- Es geht mir schlecht, wenn ich meine vorbereitete Förderung oder sonstige Aktionen zurückstellen muss, nur weil die Kinder länger spielen wollen.
- Wenn ich beobachte und die „Nichtstuer" entdecke, habe ich ein schlechtes, ungutes Gefühl, denn nach Ansicht der Kolleginnen und Eltern müsste ich das Kind zum Spielen animieren.
- Wenn ich zuschaue, stecken mich die unruhigen, zappeligen Kinder an.
- Ich finde das Beobachten langweilig.
- Ich habe eigentlich keine Zeit, andere Dinge müssen auch erledigt werden.
- Die Kinder möchten nicht beobachtet werden, sie wollen unter sich sein.
- Beim Beobachten muss ich immer neben einem Kind sitzen, sonst sieht es aus, als täte ich nichts.
- Manche Eltern meinen, dass ich zwar zuschaue, aber sonst nichts tue und auch nicht eingreife, wenn die Kinder sich schlagen.

Meiner Erfahrung nach wächst das Interesse am Kind und die Beziehung zu ihm im aufmerksamen, liebevollen Hinsehen. Jedes Kind ist einmalig und möchte so betrachtet werden.

Beobachten konfrontiert die Erzieherin aber auch immer wieder mit sich selbst. So wie ich mich selbst sehe und annehme, bin ich imstande, die Kinder zu sehen und anzunehmen. Im Hinsehen erkenne ich mich selbst:

Wie gehe ich mit den „Nichtstuern", mit den angeblich sinnlosen Tobe-, Bewegungsspielen, mit Kampfsituationen, Eifersucht, mit dem Nein-Sagen der Kinder um? Was meldet sich in mir, welche Gefühle steigen hoch, kann ich sie zulassen?

Manchmal ist eine mentale Umschaltung nötig. Festgelegte Meinungen und das Denken in Schablonen verhindern das Sehen. Unter diesem Blick haben die Kinder keine Chance.

Mit dem fürsorglichen, zulassenden Blick erkennt man, was die Kinder brauchen, womit und worin sie glücklich sind, wo sie nach Führung verlangen, weil ihnen der Umgang mit der Freiheit ungewohnt ist, woran sie scheitern könnten, bei welchen Aufgaben ihr „Scheitern" möglicherweise mit unserem Verhalten zu tun hat.

Es stimmt: Manche Kinder möchten nicht beobachtet werden. Ich auch nicht, und zwar dann nicht, wenn ein kontrollierender, nach Fehlern suchender Blick auf mir haftet. Wenn Verachtung, Strafe und Einmischung droht. Aber das hat nichts damit zu tun, dass man nach dem Anfang und Ursprung eines sich wiederholenden Konfliktes sucht.

Ansonsten freuen sich die Kinder über das Hinsehen, die Teilnahme und das Interesse an ihrem Leben, ihrem Tun, über das Verstehen ihrer Nöte, Ängste und Freuden.

Dasitzen und sich mit Kolleginnen austauschen, hat nichts mehr mit dem Hinsehen zu tun. Aber es darf zwischendurch auch sein.

Ich sehe und sehe doch nichts, wenn mein Herz und meine Seele sich in einer anderen Welt befinden. Wenn ich an den gestrigen Abend und das zukünftige Fest denke, dann bin ich nicht anwesend. Ein Kind merkt sofort, wenn Sie routinemäßig eine Geschichte vorlesen und nicht bei der Sache sind. Es wird unruhig und interesselos.

Fast alle Erwachsenen werden von den Kindern, während sie telefonieren oder sich in ein Buch vertiefen, gestört. Die Kinder lieben es gar nicht, wenn Sie als Erwachsener sich so weit von ihnen entfernen. Sie wollen nicht nur mit Ihrem Körper in Berührung kommen, sie wollen Ihre Seele und Ihr Herz erreichen.

Das aufregend Schöne ist aber manchmal auch das Anstrengende, wenn ich im Hier und Jetzt ganz nahe bei den Kindern bin. Ich spüre ihre und meine aufkommenden Emotionen. Das heißt nicht, dass ich die Kinder ständig anfassen oder mit ihnen spielen muss. Ich kann der Natur nahe sein, ohne sie zu berühren. Ein Gedicht oder Musik können mich treffen und mich tief bewegen. Es kommt darauf an, inwieweit ich meine Sinne und mein Herz öffne, um mich von der Schönheit der Natur, der Musik, der Kunst, den Kindern berühren zu lassen.

Selbstverständliche Vorerfahrungen von Kindern

Im freien Spiel erobert sich das Kind seine Umgebung. Dazu braucht es nicht ständig „Animation" von Erwachsenen. Ohne unser aktives Zutun eignet sich das Kind sehr wichtige Grunderfahrungen an. Das kann zum Beispiel ein einjähriges Kind:

- Es kann die Flasche, aus der es die Milch trinkt, im richtigen Winkel anheben, damit es im Liegen oder Sitzen bequem trinken kann.
- Es kann den Teppich anheben, darunter sehen, etwas finden. Es weiß, wie man auf glattem Boden, auf Teppichen, auf Steinböden rutscht und wie es sich läuft. Wie fühlen sich der Teppich, der Parkettboden, ein Kissen oder andere Gegenstände mit den Händen an und wie mit dem Po? Es erfühlt verschiedene Geharten, wenn es barfuß, mit Strümpfen oder rutschfesten Socken oder in Schuhen geht.
- Es kann alle Arten von Schachteln öffnen, sogar mit verschiedenen Schraubverschlüssen.
- Es erkennt die eigenen Puppen und Schmusetiere.
- Kleider und Pullover werden andeutungsweise über den Kopf gezogen, die Windel an der richtigen Stelle gedeutet.
- Es weiß, dass manche Bausteine, z.B. Kugeln und Walzen rollen, sich von fast alleine bewegen. Den Puppenwagen muss man anschieben und auch das kleine Auto. Wenn man mit der Hand auf eine Wasserfläche patscht, spritzt es.
- Ein Einjähriges weiß, wo sich Lichtschalter befinden und dass das Radio und der Fernsehen Knöpfe zum Drehen und Drücken haben, dass es scheppert und Erwachsene sich aufregen, wenn zufällig Kassetten und CDs auf den Boden fallen.
- Es weiß, dass alles was die Form eines Handys hat, auch ein Handy sein könnte und man es ans Ohr hält und entsprechende Grimassen und Laute dazu macht, – dass Handtaschen zum Öffnen da sind und die Besitzer nervös werden, wenn man sie neugierig ausleert. Alte, abgelegte Handtaschen mit ausgesuchtem, ungefährlichem Inhalt erkennt es sofort, diese sind uninteressant.
- Es kann den Schnuller richtig in den Mund stopfen, sogar im Schlaf.
- Das Kind weiß, dass die Sandalen und Schuhe an die Füße gehören und wer welche anzieht, dass manche Behälter beim Schütteln Geräusche ergeben, dass man Papier zerreißen und zerknautschen kann und dass das bei Büchern am leichtesten funktioniert.
- Es weiß, dass die Brille auf die Nase gehört und Mützen dagegen auf den Kopf, dass man mit einem nassen Lappen das Gesicht, die Hände, den Körper, den Tisch, die Möbel, das Bad, den Fußboden wischt. Die Reihenfolge vermischt sich gelegentlich!

- Das Kind weiß, welche Türen, Klappen und Schubfächer sich öffnen, wo sich reizvoller Inhalt befindet, wo man überall hinaufsteigen kann, wo die besten Plätze sind, um etwas zu entdecken.
- Farbstifte nimmt es gerne in den Mund, steckt sie in irgendwelche Öffnungen oder Ritzen.
- Wenn Musik ertönt, dreht sich das Kind und tanzt. Es liebt Fingerspiele und Kniereiter.

Die Liste der Erfahrungen könnte fortgesetzt werden und sieht bei jedem Kind nach Umwelt und Freiräumen verschieden aus, aber an den aufgeführten Beispielen ist zu erkennen, dass sich die Kinder für die Welt der Erwachsenen, d.h. ihrer Bezugspersonen interessieren und sich nicht mit Imitationen zufrieden geben. Wir sehen was das Kind begreift, aber was es sonst noch erlebt, erfühlt und aufnimmt, bleibt uns verborgen. Wir können es möglicherweise erahnen. Es ist gut so, ansonsten müssten wir unser Verhalten, alles was wir tun und nicht tun, kontrollieren. Die Art wie wir sprechen, essen, lachen, unsere Gefühle zeigen, uns bewegen, sogar was wir denken, erfühlt jedes Kind auf eigene Weise und es hinterlässt bei ihnen sichtbare und unsichtbare Spuren.

Im freien Spiel erobert sich das Kind seine Umgebung. Dazu braucht es nicht ständig „Animation" von Erwachsenen. Ohne unser aktives Zutun eignet sich das Kind sehr wichtige Grunderfahrungen an.

Mit diesen Erfahrungen weiß das Kind nicht nur von glatten und rauhen Flächen, von Wärme und Kälte, von kantigen, spitzen und runden Gegenständen, von weicher, harter und flüssiger Nahrung, sondern es reagiert entsprechend und weiß damit umzugehen.

Je mehr Erfahrungen desto weiter der Horizont!
Kinder sind offenkundig sehr genaue Beobachter, denn die meisten der angeführten Beispiele sind Lernereignisse, die ohne bewusste Steuerung durch den Erwachsenen passieren.

Grenzen und Nachholbedarf

Wenn selbstverständliche Vorerfahrungen durch Verbote und ängstliches Verhalten der Erwachsenen eingeschränkt werden, nicht gemacht werden dürfen, fehlen dem Kind wichtige Grundkenntnisse. Das heißt aber nicht, dass das Kind uneingeschränkte Erfahrungen machen soll. Natürlich gibt es Gefahren und deshalb brauchen Kinder Grenzen, die von den verantwortlichen Erwachsenen liebevoll aber bestimmt gesetzt werden müssen. Im Allgemeinen lässt das Leben selbst das Kind angemessene Erfahrungen machen.
Wenn es erlaubt ist und nicht als unnützes kleinkindhaftes Spiel herabgesetzt wird, kann das Kind im Kindergarten Versäumtes nachholen. Auf dem Boden rutschen, krabbeln, sich rollen und kugeln, lallend mit Vokalen und Lauten spielen, Gegenstände ertasten, erforschen, begreifen, sowie an Dingen schlecken, lutschen, mit Geräuschen und Materialien experimentieren.

Kinder tun gerne, was ihre Bezugspersonen gerne tun

Nachdem meine Enkelin Sophia ihre ersten Schritte tat, schnappte sie nach jedem nassen Tuch, um damit genüsslich über Boden und Tische zu wischen. Über ihren „Putzfimmel" wunderte ich mich sehr, denn weder ich noch meine Tochter zeigen bei ähnlichen Arbeiten besondere Begeisterung. Woher also diese Lust an der Wischerei? Bringt das Anfassen eines nassen Lappens wirklich so viel Genuss? Wen oder was ahmt Sophia nach? Wie Schuppen fiel es mir von den Augen. Oma Traudl, Großmutter väterlicherseits, die einmal in der Woche zu Besuch kommt, ist keineswegs putzsüchtig, aber

Ferah hat längst gelernt, wie man einen Tisch sauber abwischt und sie tut es gerne. Sophia versucht es ihr gleich zu tun.

wenn es sich trifft und ich sie bei ihrer Arbeit erlebe, so bleibt mir nicht verborgen, mit welcher Freude und Befriedigung sie über den Tisch und sonstige Küchenflächen wischt. Sie ist ganz bei der Sache, genießt das Tun und den sichtbaren Erfolg. Mit dem gleichen Vergnügen und einer wohltuenden Sicherheit backt sie Kuchen und kocht. Wenn sie bügelt und anschließend jedes Teil sorgfältig zusammenlegt, so hat dies nichts mit lästiger Pflichterfüllung zu tun. Es erscheint als eine gern getane und gut gekonnte Hilfeleistung. Es tut gut, etwas zu können und es gerne zu tun! Auch dies wird von Sophia und jetzt auch von Isabella enthusiastisch nachgeahmt. Wie schön, wenn sie zu Hause oder im Kin-

dergarten dazu Gelegenheit bekommen. Im Zusammenlegen von Decken und Tüchern sind beide schon „Weltmeister".

So wie Sophia und Isabella erkennen, was ihre Oma gerne und mit Begeisterung tut, so werden die Kinder im Kindergarten wahrnehmen, wie sich die Erzieherin in ihrer Tätigkeit verhält, wie sie mit Dingen und Situationen umgeht, wo sie Ärger oder Begeisterung zeigt. Was genau die Kinder wahrnehmen und wie sie damit umgehen, ist nicht berechenbar. Deshalb wissen wir auch nicht, was sie tatsächlich „lernen", aber das sie lernen, dessen können wir gewiss sein!

Beobachten hat Folgen

Dem Spiel Vorrang geben und es zulassen

Sophia, 3½ Jahre, ist heute sehr empfindsam, anhänglich, etwas weinerlich. Sie lässt sich öfter von mir trösten, in den Arm nehmen und findet keinen rechten Kontakt zu den anderen Kindergartenkindern. Vergeblich bemüht sich auch ihre Freundin Rebecca um sie.

Um 9.30 Uhr erklingt das Gitarrenzeichen, Frau Mayer, die Erzieherin kündet die letzte Möglichkeit zum Frühstücken an.

Meistens folgt nach einer halben Stunde Frühstück und Aufräumen der Stuhlkreis oder eine andere Aktivität. Mittlerweile ist es 10.30 Uhr und die Kinder spielen immer noch. Die Erzieherin will das intensive Spiel der Kinder nicht abbrechen. Sie verzichtet bewusst auf die vorbereitete pädagogische Einheit und deren vielleicht sichtbaren Erfolg. Sie bringt nicht sich ins Spiel, sondern lässt den Kindern die kostbare Zeit, um ihre ganz persönlichen Erfahrungen machen zu dürfen.

So eine Entscheidung zu treffen, ist gar nicht selbstverständlich. Die Kinder haben an diesem Vormittag nichts Herzeigbares produziert. Es wäre eine Chance gewesen, den Eltern zu zeigen, dass man mit den Kindern etwas „getan" hat. Durch das einfühlsame Hinsehen der Erzieherin werden aber die Bedürfnisse der Kinder offenkundig.

Sophia hat sich beruhigt. Sie sitzt entspannt bei einem Geduldsspiel, das auf dem Tisch liegengelassen wurde. Anschließend vertieft sie sich in das Zeichnen und legt sich danach in die freiwerdende Hängematte. Jetzt ist ihr Rebecca herzlich willkommen und Sophia sammelt Kraft und kommt wieder ins Lot.

11 Uhr, zu so „später" Stunde hecken die beiden Verschworenen ein neues Spiel aus. Sophia möchte Geburtstag feiern.

Mit eigenen Gefühlen umgehen

Domenica und Davinia werden zum Fest eingeladen. Sie haben leider keine Zeit, weil sie am Maltisch beschäftigt sind. Maximilian, 6 Jahre und Roja, 3½ Jahre bieten sich freundlich an und werden abgewiesen. Roja lächelt, schaut traurig, neugierig, fragend, hüpft auf und ab, spaziert scheinbar ziellos oder doch suchend durch den Raum. Diese Absage muss sie ausdrücken und verdauen. Maximilian verbleibt in Sichtweite, verhält sich ruhig und abwartend.

Marjolaine wird eingeladen, sie kommt nur unter der Bedingung, eine Katze sein zu dürfen. Obwohl keine Katze gebraucht wird, ist man einverstanden. Auch Elisabeth, Zwillingsschwester von Maximilian, wird aufgefordert, ein Geburtstagsgast zu sein. Interessiert erkundigt sie sich, wer der Vater und wer die Mutter ist. Die Rollen werden geklärt und sie ist mit dem „Kind-sein" einverstanden.

Oma Traudl wird nachgeahmt und die „Hitze verstanden": Sophia zeigt plötzlich Hektik, öffnet den Ofen, um nach dem Geburtstagskuchen zu sehen, zieht einen Handschuh über ihre rechte Hand und stellt die „heiße" Form auf die Herdplatte. Riechen und prüfende Blicke, der Kuchen ist anscheinend noch nicht fertig. Schnell wird er wieder in das Rohr zurückgeschoben. Diese Aktion wird noch ein paar Mal wiederholt. Das Wesentliche scheint die gefährliche „Hitze" und das Anfassen der Kuchenform zu sein.

Maximilian hat lange beobachtet und gewartet, fragt jetzt vorsichtig bei Rebecca nach, ob er mitspielen dürfe. Sie ist einverstanden, er betritt das Spielfeld. Sophia schreit aufgeregt und nervös durch das Zimmer mit Blickrichtung zur Erzieherin: „Der soll nicht mitspielen!" Rebecca wendet sich zu Maximilian, zieht wortlos die Schultern hoch, deutet auf die Freundin. Maximilian hat verstanden, verlässt sprachlos, geknickt die Puppenecke und verkriecht sich unter einem Tisch, der in der Nähe steht.

Sich selbst zurücknehmen – keine Einmischung

Ich kann diesen Rausschmiss nicht fassen, weil ich weiß, dass Sophia vor einigen Wochen noch sehr für Maximilian geschwärmt hat. Könnte ich nicht Sophia aufmerksam machen, wie sehr Maximilian durch ihren Aufschrei, ihre Entscheidung leidet – war es Angst, oder wollte sie gefragt werden, oder, oder? – Ich bin als Beobachtende nur Gast im Kindergarten, die Erzieherin hat die Szene bemerkt und mischt sich nicht ein. Natürlich soll Sophia für ihre freie Wahl der Mitspieler kein schlechtes Gewissen haben müssen, egal aus welchen Gründen sie handelt.

Die gleichaltrige Dorothea erkennt Maximilians Not. Sie fordert ihn nur mit Blicken und Gesten auf, mit ihr Brotzeit zu machen. Erleichtert folgt er ihrer Einladung. Obwohl die

Zeit des Essens längst vorbei ist, lassen sie es sich gut schmecken, lächeln sich zu, unterhalten sich.

Manch einer könnte hier spekulieren, dass dieses zugelassene Verhalten „Erziehung" zur Sucht oder das Essen aus Frust fördert. Ich aber bin froh, dass Maximilian von Dorothea verstanden und aufgefangen wurde, dass er sich aus seiner Traurigkeit gelöst hat, gleichgültig, ob es durch das Essen, Sprechen oder Spielen geschah. Die Hauptsache war wohl, dass sich ihm ein Mensch zugewandt hat.

Die Erzieherin weiß durch ihr Hinsehen und ihre innere Anteilnahme am Spielgeschehen, wie der Vormittag verlaufen ist. Sie lebt mit ihrem Herzen bei den Kindern. Man kann sich gut vorstellen wie die Reaktion – Essen zu dieser verspäteten Zeit – einer Erzieherin ausfällt, die nicht bei den Kindern ist, sondern sich vorwiegend mit Ordnung halten, Bastelarbeiten und anderen Dingen aufhält.

Es ist bereits 11.30 Uhr. Die meisten Kinder wollen die Zeit vor dem Mittagessen um 12 Uhr im Garten verbringen. Heute gab es keinen Stuhlkreis, das Aufräumen geschah fast nebenher. In der Puppenecke fand reger „Gastwechsel" statt, der harte Kern Sophia, Rebecca und Elisabeth möchten gerne weiterspielen. Da ich noch im Raum verweile und die Kinder nicht ohne Aufsicht sind, kann das Spiel zu ihrer großen Freude ungestört fortgesetzt werden.

Die Intensität des Spiels miterleben – selbst wieder Kind sein

Sophia wünscht, dass die Tischdecke ausgetauscht wird. Sie ist „schmutzig", das rosa Tuch soll auf den Tisch. Ihre Forderung ist entschieden und wird ohne Widerrede ausgeführt. Während sie sich am Ofen beschäftigt, räumen Rebecca und Elisabeth den reich gedeckten Tisch, Teller, Tassen, Kerzen, Besteck, Kuchen, Schüsseln ab, um dann auf die neue Tischdecke alle Utensilien zurückzustellen. Es ist viel Arbeit und Sophia beteiligt sich nicht. Ich wundere mich, dass sie sich als jüngstes Mitglied dieser Gruppe und ein paar Stunden vorher noch unentschlossen, sensibel und kaum ansprechbar, jetzt unbeirrbar durchsetzt. Das sind Rätsel, die uns Kinder stellen. Das Spiel geht weiter, abspülen, in den Ofen sehen, Ordnung machen, für morgen alles herrichten und das „Kind" versorgen. Das Kind folgt nicht, lässt sich mehrmals rufen, strampelt wild, läuft auf allen Vieren davon, genießt das Unfolgsamsein. Die „Eltern" lachen und kichern unsicher. Im Spiel blitzt der Alltag auf! Sophia als Mutter wendet sich wieder den „heißen" und „kalten" Töpfen zu, schmückt den Kuchen mit Muggelsteinen und gibt nebenbei bekannt, dass sie jetzt gerade die Oma sei. Sophia, jetzt als Oma, spricht ein Machtwort: „Es ist 10 Uhr, das Kind muss ins Bett!" Elisabeth, das Kind, meint: „Ich kann nicht, ich muss jetzt in die Schule gehen!" Trotzdem legt sie sich mit dem Kommentar „Ich bleibe noch ein

Die Mädchen spielen intensiv miteinander, alles andere um sie herum ist vergessen. Wer sich auf das Beobachten des Spiels einlässt, lernt das Leben der Kinder mit all ihren Nöten und Freuden kennen.

Die Rollen werden bewusst gewechselt. Sophia will das Kind sein, um überrascht zu werden. Sie macht die Augen zu und wartet. Elisabeth und Rebecca wickeln einen Gegenstand in ein großes Tuch. Auf ein Zeichen öffnet Sophia die Augen wieder, packt vorsichtig das Päckchen aus und zeigt lächelnd Begeisterung und Überrascht-Sein. Das Spiel wird solange wiederholt, natürlich mit immer neuen Inhalten, bis alle genug haben.
Ich mache die Mädchen darauf aufmerksam, dass es in zehn Minuten Mittagessen gibt und wir in fünf Minuten aufräumen müssen.
Die letzten Minuten werden ausgekostet und mit Telefonmitteilungen gefüllt.
Sophia: „Ich bin die Oma. Hallo"
Rebecca: „Bist du krank?"
Sophia: „Nein"
Elisabeth: „Ich bin das Kind."
Sophia: „Magst du Brotzeit machen?"
Elisabeth: „Ja"
Sophia: „Du bekommst ein Nutella-Brot."
Sophia: „Der Vater telefoniert: Wann kommst du nach Hause?"
Jemand ruft: „Um 2 Uhr"

wenig auf!" in das Bett. Sophia, immer noch Oma, befiehlt: „Du musst 10 Stunden schlafen!"
Elisabeth: „10 Stunden sind aber viel."
Sophia: „Du darfst jetzt noch nicht aufstehen." Elisabeth weigert sich vehement, worauf Sophia einlenkt: „OK, dann darfst du jetzt aufstehen."

Sophia: „Fährst du mit dem Auto?"
Rebecca: „Ja"
Sophia: „Ich fahre lieber mit dem Zug."
Die Verbindung ist gestört: „Hallo, hallo, ist da jemand? Hallo?"
Sophia sitzt vor dem Spiegel und parfümiert sich mit der noch freien Hand das Gesicht und den Hals.
„Also mir geht es gut, tschüss!"
Rebecca und Sophia müssen eiligst auf die Toilette. Sie kommen gleich wieder zurück und beginnen mit vereinten Kräften aufzuräumen, auch Kinder, die aus dem Garten ankommen, helfen unaufgefordert mit, das sichtbare Chaos in der Puppenecke aufzulösen. Die Kinder gehen zum Essen.
Ich verweile noch kurz in der Puppenecke. Für mich sind die Intensität und die Turbulenzen des Spieles der letzten Stunde noch sehr anwesend und spürbar. Das Spielgeschehen liegt fast greifbar und knisternd in der Luft.

Zulassen – nicht verlassen

Die meisten Menschen halten es für selbstverständlich, dass die Kinder miteinander zurechtkommen und spielen. Miteinander-Sein bedeutet miteinander kommunizieren, d.h. sich zwischen dem Gegenüber und sich selbst aufzuhalten, hin und her zu pendeln, es heißt sich durchzusetzen, eigene Ideen mitzuteilen und sie verwirklichen, sich verständlich zu machen, sich auf den Anderen einzulassen, hinzuhören, zu verstehen und sich selbst immer wieder zu verlassen, solange man sich auf sein Gegenüber konzentriert.

Natürlich kann man diese einzelnen Handlungen nicht so einfach voneinander trennen, es geschieht gleichzeitig, miteinander und im Ganzen. Dies ist für Kinder und Erwachsene eine große Leistung. Dass noch viel mehr passiert, zeigt die folgende Geschichte, die man – bei guter Beobachtung – auch im Kindergarten erleben könnte.

Meine Enkeltöchter sind wieder mal zu Besuch bei mir, Sophia, $4\frac{1}{2}$ Jahre und Isabella, $2\frac{1}{2}$ Jahre. Sie spielen gerne und viel miteinander, vor allem seit Sophia den Kindergarten besucht. Sophia weiß inzwischen wie sie mit ihrer temperamentvollen Schwester umgehen muss, welche Rollen sie ihr zumuten kann und inwieweit sie sich selbst um der Beziehung und des Spieles willen zurücknehmen muss. Isabella versteht, was von ihr verlangt wird, lässt sich je nach Lust und Vermögen auf die Bedingungen des Spiels ein und teilt unmissverständlich ihre Wünsche mit. Bis es soweit ist, gehen Erfahrungen voraus, für die die Kinder viel Zeit und Raum benötigen. Diese intensiven „Zusammenspiele" wandeln sich öfter zu „Einzelspielen" um. Dabei wendet sich jedes Kind dem Nächstliegenden zu, der Puppe oder dem Bären, der Lust Herumzuspringen oder Zuzuschauen, dem Willen, eigenen Ideen nachzugehen. Keine Regieanweisungen oder Bedingungen müssen abgegeben oder angenommen werden, kein Sicheinlassen auf das unberechenbare Gegenüber ist nötig. Das Kind kann sich von dem reizvollen, spannenden, manchmal anstrengenden Miteinandersein erholen, es kehrt zu sich zurück. Leider entspricht der Wunsch nach dieser Erholungsphase nicht immer gleichzeitig dem Bedürfnis des anderen Spielpartners. Manchmal wird so ein Kind als unkommunikativ empfunden oder als Einzelgänger abgestempelt.

Seit ein paar Minuten hat sich Sophia zurückgezogen und experimentiert mit einem kleinen Gummihüpfball. Isabella will ihn haben, aber er wird ihr mit einem entschiedenen „Nein!" verweigert. Sie beginnt laut zu weinen. Sophia ist diese Reaktion bekannt, trotzdem erschrickt sie. Ihre Erklärung klingt fast wie eine Entschuldigung „Isabella will den Ball haben, aber ich will ihn nicht hergeben und ich will alleine spielen und darum schreit sie." Ich verstehe und nicke mit dem Kopf. Aus Isabellas Wehklagen höre ich Empörung und Trauer. Wie sonst noch könnte sie Wut und Trauer über den unerfüllten Wunsch ausdrücken!?

Sophia fühlt sich schlecht, vielleicht sogar schuldig, kann nicht weiter spielen, will das Geschrei nicht länger ertragen. Als ob sie sich meine Bestätigung zum „Nein-Sagen-Dürfen" holen möchte, erklärt sie von Neuem ihre Lage und den Grund des Weinens ihrer Schwester. Darauf verstärkt sich Isabellas Geschrei und sie sucht sich Trost auf meinem Arm. Ich streichle sie und versuche, ihr Sophias Recht klar zu machen „Auch wenn Sophia dir den Ball nicht gibt, hat sie dich trotzdem lieb, sie will nur alleine spielen und das darf sie auch." Meine Worte beruhigen Sophia, weniger Isabella. Einen Moment hält sie inne, dann überfällt sie erneut die schmerzliche Absage der Schwester und weinend entzieht sie sich meiner Umarmung und den gutgemeinten Worten, verfolgt Sophia, die in ein anderes Zimmer geflüchtet ist. Beide stehen sich gegenüber: Isabella, die das Nein nicht akzeptieren kann und ihre tiefen Gefühle ausdrückt, Sophia, die sich trotz weinenden Widerstands durchsetzen möchte. Sie blickt unentschlossen in ihre Hände, die den Ball noch immer fest umklammern.

Ich fühle mich hilflos, kann nichts beitragen, um die beiden aus ihrer Misere zu befreien. Sophia hat das Recht Nein zu sagen, auf ihre Wünsche zu hören, und Isabella hat das Recht, ihre Gefühle auszudrücken. So wie mir, geht es vielen Eltern und Erzieherinnen, wenn sie solche oder ähnliche Konstellationen miterleben. Jeder versucht, auf seine

eigene Art und Weise damit umzugehen. Mich berührt die Not der Kinder und ich kann und will mich diesem Angerührtsein nicht entziehen.
Sophia blickt mich genervt und etwas vorwurfsvoll an. Erwartet sie Hilfe und worin bestünde sie? Mit einem Hauch von Wut wirft sie ihren Ball vor Isabellas Füsse, dreht sich um und verlässt beleidigt den Ort. Isabella verstummt, hebt den Ball auf und wirkt weder glücklich noch triumphierend. Keine Befriedigung – ihr Herz ist schwer. Die Verweigerung, das Nein der Schwester ist trotz „Eroberung" des Balles fühlbarer anwesend als zuvor.

Schwer und langsam trippelt Isabella in die Küche und legt den Ball auf den Tisch, an dem Sophia Platz genommen hat. Leise schüchterne Worte folgen: „Bitte ... da ... dein Ball ... ist für dich!"
Kein dankender einrenkender Blick erreicht Isabella, nichts passiert, ein paar unwohlige lange Sekunden verstreichen, bis sich endlich Versöhnung in Sophias Gesicht zeigt. Vorsichtig fragt sie: „Willst du mit mir nach Amerika verreisen?" Das Aufatmen aller ist zu spüren. Isabella nimmt die Einladung erleichtert an. Beide verlassen befreit den Raum und konstruieren aus Stühlen und Decken ein Flugzeug.
Jetzt geht es mir wieder besser, und ich überlege, was ich anders hätte tun können. Jedes Kind und jede Situation ist so verschieden, deshalb kann ich keinen Rat geben, wie „man" sich verhalten sollte. Jeder Mensch verhält sich so, wie es ihm möglich ist.

Mein Anliegen war im Kindergarten und Zuhause, den Kindern einen beschützenden Boden, ein warmes Feld, einen weiten Raum zu geben, wo sie ohne Bevormundung ihre Erfahrungen machen dürfen.
Meine Hilfe besteht darin, mit dem Herzen bei ihnen zu sein, ihre Gefühle, ihren Schmerz, ihre Not zu erkennen, sie anzunehmen, geschehen zu lassen und in die Situation, in das Leben zu vertrauen.
Meine Unterstützung heißt nicht, Sophia zu überreden, vernünftig und nachgiebig zu sein, sondern ihr zu überlassen, wie sie mit ihrem Recht Nein zu sagen, umgeht. Dazu braucht sie Zeit und Möglichkeiten, dies zu üben, ohne sich verlassen zu fühlen.
Und Isabellas Tränen werden ohne Ablenkungsmanöver zugelassen, auch wenn ich ihre Gefühlsausbrüche manchmal schwer aushalten kann. Wie immer sie ihre Gefühle ausdrücken, sollten Isabella und Sophia und die Kinder überhaupt immer meiner Wertschätzung sicher sein.

Während des Flugzeugspiels manövriert sich Isabella in eine verweigernde Haltung ihrer Schwester gegenüber. Anfangs sind sie mit dem Bau des Flugzeugs sehr beschäftigt. Gemeinsam schleppen sie vielfältiges Gepäck in den Flughafen. Sie sind sich einig, welche

Puppen und Tiere mitreisen dürfen und wie viel Kleidung sie brauchen. Alles klingt harmonisch und sehr lustig, bis ich Sophias Aufforderung an ihre kleine Schwester vernehme: „Steig jetzt endlich ein und nimm das Kind mit. Komm jetzt mit ins Flugzeug!" Geduldig wiederholt Sophia ihre Bitte, aber ohne Erfolg. Unbemerkt sehe ich Isabella zwar im Flugzeug sitzen, aber die Beine demonstrativ heraushängend und ihre Puppe auf dem Boden liegend. Sie tut, als höre sie die Worte ihrer Schwester nicht, bewegt sich keinen Zentimeter und wartet ab. Bedeutet diese Reaktion, dieses Nein-Sagen, sich zu verweigern?

Ich mische mich nicht ein, keine Hilfe ist gefragt, und ich schleiche mich davon. Kurze Zeit darauf beschwert sich Sophia bei mir: „Die Isabella spielt nicht richtig."
Ich: „Wieso? Was macht sie?"
Sophia: „Sie soll sich ganz ins Flugzeug setzen und ihr Kind mitnehmen. Aber sie lässt einfach die Füsse heraushängen!"
Ich: „Willst du ohne sie wegfliegen?"
Sophia: „Nein, und die Türe kann ich auch nicht zumachen."
Ich: „Was soll ich tun?"
Sophie, achselzuckend: „Ich weiß auch nicht."

Wir überlegen beide und sind sehr ruhig. In diese Stille klingt Isabellas Stimme: „Komm Sophia, komm jetzt, ich bin da." Sophia lächelt mich an und führt mich in das Zimmer mit dem Flugzeug. Isabella sitzt zwar immer noch in der gleichen Position wie vorher, sehr langsam hebt sie ihre Puppe auf und schelmisch lächelnd steigt sie nach geleistetem Widerstand jetzt aus freiem Willen mit der Genugtuung, erwünscht zu sein, in das Flugzeug. Mit aufgetürmtem Gepäck an Bord und überstandener Krise heben sie fröhlich ab.
Dieses Mal wurde ich nur als Ansprechpartner gebraucht. Teilnehmen, zuhören, sich auf das Problem des anderen einlassen, ist oft Hilfe genug.

Zum richtigen Zeitpunkt einmischen

Max, ein „Ehemaliger", ist heute zu Besuch in seinem „alten" Kindergarten. Interessiert durchwandert er den vertrauten Raum und bleibt vor der Puppenecke stehen. Durch auffallende Gebärden macht er sich bei den sehr intensiv spielenden Dreijährigen bemerkbar. Sie kennen ihn und sein stürmisches Temperament nicht, fühlen sich bedroht und unterbrechen ihr Spiel. Verängstigte Blicke und rückwärts gehende Schritte verraten ihre Not.

Max wünscht Aufmerksamkeit, ist ganz bei sich und seinem Anliegen und nimmt die Reaktion auf sein Verhalten nicht wahr. Die Erzieherin hat die Szene beobachtet und bringt aufklärende Erleichterung. Max werden keine Verdächtigungen, die Kleinen absichtlich stören zu wollen, unterstellt. Umsichtig wird ihm die Wirkung seines Verhaltens aufgezeigt. Erstaunt, verwundert und ein wenig erkennend, verlässt er das Territorium und begibt sich zu seinen alten Freunden, die ihn kennen und gerne sehen. Die Kleinen ziehen sich in ihr Spiel zurück.

Hat sich die Erzieherin zu früh eingemischt? Hätten sich die Dreijährigen vielleicht nach dem ersten Schreck erholt und das Verhalten von Max nicht mehr als Angriff verstanden oder hätten sie sich aus dem lähmenden, duldenden Zustand in eine Verteidigungshaltung gerettet und Stärke in sich entdeckt? Oder hätten sie aus eigener Initiative um Hilfe gerufen? Hätte Max die Reaktion auf sein Verhalten von sich aus erkannt? Welche Konsequenzen hätte er gezogen? Nur im Hinsehen und der Verantwortung für die Kinder tauchen solche Fragen auf.

Wann, wie oft und ob die Erzieherin sich einmischt, hängt mit ihrer Biographie und ihrer Gesinnung zusammen. Wer ein Prinzip verfolgt, hält sich in einer Theorie auf, ist nicht bei den Kindern und nicht bei sich.

In der Situation von Max und den Dreijährigen hätte ich mich ähnlich wie die Erzieherin verhalten. Sie gab durch ihr Einschreiten den Kleinen das unbedingte sichere Gefühl von Geborgenheit und Beschütztheit. Max hatte die Chance, die Folgen seines Verhaltens wahrzunehmen und entsprechend zu handeln.

Üben des einfühlsamen Miteinanders

Sophia durfte zum besseren Eingewöhnen manchmal als Gast ihren zukünftigen Kindergarten besuchen. Die fünfjährige Misgana stürzte sich unerfahren, bedrängend auf Sophia, die sich ihr mit Ängstlichkeit und Protest entzog. Misgana akzeptierte die Verweigerung nicht. Mehrere besitzergreifende Annäherungsversuche endeten für sie mit Unverständnis und tiefer Enttäuschung.

Viele Wochen vergehen, bis Misgana und andere Kinder, die auch keine Erfahrung mit jüngeren Geschwistern machen konnten, gelernt haben, mit Sophie angemessen einfühlsam umzugehen.

Misgana hat herausgefunden, mit wie viel Sensibilität sie sich an ihre begehrte Freundin herantasten muss, um mit ihr in Kontakt zu kommen. Sie hat ergründet, wie und wann

Misgana musste erst lernen, wie sie die Freundschaft der jüngeren Sophia gewinnen kann. Ausschlaggebend für ihren Lernprozess war die Möglichkeit des Miteinander-Umgehens, dabei Grenzen zu erleben, vieles auszuprobieren und das Vertrauen der Erwachsenen in ihre Fähigkeiten zu spüren.

ihre liebende Umarmung nicht zurückgewiesen wird. Sie weiß, welche Spiele Sophia liebt und was ihr Angst bereitet. Misgana hat erfahren, dass Sophia nicht alle Spiele, die sie mit ihr spielen möchte, versteht, dass sie versehentlich Bauwerke umwirft und darüber erschrickt und traurig wird, dass sie nicht lange am Brotzeittisch verweilen will, dass ihre Art und Weise des Aufräumens sehr unterschiedlich verläuft und dass der Drehstuhl und die Hängematte besonders beliebt sind. Misgana hat Sopias Gesten und ihre Sprache erforscht, nimmt ihre ängstlichen, unsicheren, schelmischen und freudigen Blicke wahr, bedrängt sie nicht mehr, wenn sie ihre Ruhe haben will oder meine Nähe sucht. Misgana weiß, dass Sophia laut aufschreit, wenn sie in Not ist und keinen anderen Ausdruck für ihre Empörung und Entrüstung findet. Sie wartet ab, bis Sophia ihre Hausschuhe alleine, auf Hilfe verzichtend, unbeholfen angezogen hat. Sophia und Misgana genießen das gegenseitig gewachsene Vertrauen sehr.

Manchmal waren es verständnisvolle Worte und Gesten der Erwachsenen, die Misgana zu einem einfühlsamen Umgang mit jüngeren Kindern verholfen haben.

Viel wertvoller und ausschlaggebender war aber die Möglichkeit des Miteinander-Umgehens, dabei Grenzen zu erleben, einiges auszuprobieren und das Vertrauen der Erwachsenen in ihre Fähigkeiten zu spüren. Beneidenswerte Möglichkeiten, Erfahrung zu sammeln!

Anteil nehmen und trotzdem Abstand halten

Wenn ich beobachte, ist es mir wichtig, mit Herz und Seele bei den Kindern zu sein, aber nicht durch Mitspielen das Spiel der Kinder zu beeinflussen.
Armando, Maximilian und Silvio spielen seit 15 Minuten in der Nähe der Puppenecke. Sie halten Holzbausteine vor den Mund und an das Ohr, springen auf die Kommode, wirken unruhig und hektisch. Es ist nicht zu erkennen, ob es einen Anführer gibt und ob Drohungen ausgesprochen werden und Uneinigkeiten herrschen. Ohne Videokamera und Fotoapparat, dafür mit Schreibzeug ausgerüstet, versuche ich mich unbemerkt in Hör-Nähe der Spielenden niederzulassen.
Es ist laut. Im Hinsehen kann ich die Lautstärke akzeptieren. Silvio mit erregter Stimme: „Jetzt fliegen wir auf den Mond, nein, lieber auf den Mars." Die Anordnung ausführend, sitzen drei Piloten auf der Kommode und steuern das Flugobjekt. Hohe, laute, aufheulende Töne begleiten den Flug, der mit quietschenden Bremsgeräuschen endet. Silvio: „Alles aussteigen, wir sind auf der Piste." Silvio entdeckt mich und stellt mir das Schaukelpferd bzw. den Schaukelbär vor meine Füße. „Du bist jetzt gefangen und kannst dich nicht bewegen!" Mit einem Holzbaustein als Waffe macht er mir durch charakteristische Drohgebärden eindeutig klar, dass er ernst genommen werden will. Ich bin mit meiner passiven Rolle sehr einverstanden, bleibe auf meinem Kinderstuhl sitzen, kann in Ruhe beobachten und schreiben.

Aus der Situation Verständnis entwickeln

Maxim, ein russischer Junge, betritt nichtsahnend, fast suchend das Spielrevier. Nur Silvio reagiert, energisch und ängstlich zugleich: „Der kommt ins Gefängnis!" Seine Augen erkunden einen geeigneten Platz. Er wird von Elisabeth, der Erzieherin, unterbrochen. Sie nähert sich dem Geschehen und klärt einfühlsam auf: „Maxim versteht euch nicht, er spricht noch nicht deutsch." Für alle entsteht eine kurze Atempause – Innehalten – Ratlosigkeit. Elisabeth wird gerufen, verlässt die Szene mit dem Wissen, dass ich mich, wenn es nötig ist einmischen werde.
Maxim entflieht der unguten Situation, kriecht unter den Tisch, der mit einem Tuch verhüllt ist. Ein sicheres Versteck? Nein! Silvio fühlt sich bedroht und schreit empört:

Die drei Freunde haben durch Erfahrung gelernt, dass die Erzieherin sich nur dann in ihr Spiel einmischt, wenn sie es unbedingt für nötig hält, zur Klärung eines Problems beizutragen. Das Vertrauen, das die Erzieherin in sie setzt, spiegelt sich auch im liebevollen Umgang der Kinder untereinander wieder.

„Jetzt stiehlt er unsere Waffen!" Im Verborgenen liegen ein paar Holzbausteine. Vereint wird der „Missetäter" aus dem Versteck gezogen. Auch krampfhaftes Festhalten nützt nichts. Stumm und unverstanden landet er kauernd vor einer Schublade der Kommode. Mit gesenktem Haupt sitzt er da, unfähig, sich irgendwie mitzuteilen. Er wird nicht mehr angegangen, niemand fühlt sich bedroht, aber Armando und Maximilian schleichen genervt um ihn herum. Seine Anwesenheit stört sie. Silvio ergreift die Initiative, versucht, Maxim von Neuem zu vertreiben. Ich mische mich ein, halte es nicht mehr aus, denn meiner Ansicht nach hat Maxim keine Chance, sich mitzuteilen, seine Bedürfnisse zu klären. Ich erahne, was er will. Neben ihm kniend, frage ich ihn: „Willst du die Schublade mit den Steckbausteinen haben?" Er nickt erleichtert mit dem Kopf, ich ziehe die Schublade ganz aus der Kommode und suche einen ungestörten, sicheren Platz auf dem Bauteppich. Zu meinem „Gefängnis" zurückkehrend, versuche ich Klarheit in die Situation zu bringen. „Ihr wisst, Maxim spricht noch kein Deutsch, er kommt aus Russland, er versteht

sehr wenig. Er kann noch nicht seine Wünsche sagen und vielleicht hat er Angst, weil er nicht weiß, was ihr von ihm wollt. Und er weiß sicher nicht, dass er euch manchmal stört."
Silvio, Armando und Maximilian hören aufmerksam und erstaunt zu, interessieren sich plötzlich, wo Maxim geblieben ist und beobachten ihn neugierig, entdecken ihn mit Misgana auf dem Bauteppich. Maximilian kommentiert kopfschüttelnd und anteilnehmend: „Und jetzt wird er noch von Misgana genervt!"
Ich bemerke, dass sich Misgana ihm aufdrängt, aber Maxim lässt es freudig zu und sie beginnen gemeinsam zu spielen.

Wer hat was erfahren?

Maxim hat erfahren, dass er nicht alleine gelassen wird, wenn er Hilfe braucht, dass er nicht überall erwünscht ist, andere dagegen froh sind über seine Gesellschaft.
Maximilian, Armando und Silvio haben gelernt, dass andere Kinder sich nicht mitteilen können, Angst haben und dass man Hilfe bekommt, die Situation zu klären, ohne den Nachgeschmack, böse gewesen zu sein und ein schlechtes Gewissen haben zu müssen.
Dies sind nur einige Gedanken. Natürlich haben die Kinder noch viel mehr erlebt und ein anderer Beobachter hätte die Szenen sehr unterschiedlich wahrgenommen und berichtet. Ich hoffe, Sie gönnen sich Ihre eigenen Beobachtungen.

Rückzug im richtigen Moment

Ich habe meinen Standort gewechselt, bin näher an das Fenster gerückt. Die Buben sind beruhigt und lassen sich erneut auf ihr Spiel ein. Silvio, der eindeutig das Geschehen lenkt, kommandiert lautstark: „Einer hält jetzt Wache!" Dabei entdeckt er, dass ich meinen vorgeschriebenen Sitzplatz verlassen habe. Energische Blicke, Zähne knirschen, Wildheit treffen mich und berühren mich innerlich. „Du bist böse, du darfst nicht raus, du musst im Gefängnis bleiben!" Nur einen Augenblick lang fühle ich wie ein Kind, bin mitten drin.
Ich gebe keine Antwort, bemerke Armandos erschütterten Gesichtsausdruck. Er ist nicht einverstanden, dass ich so behandelt werde und eine „Böse" sein soll. Mit einem Lächeln will ich ihn beruhigen und ihm zu verstehen geben, dass es mir trotz schlechter Behandlung gut geht. Aber er sorgt sich trotzdem um mich, zeigt mir heimlich einen Fluchtweg und schiebt den Kuschelbären in meine Nähe. „Den kannst du streicheln, wenn es dir langweilig wird." Bei so viel inniger Fürsorge wird es mir im Herzen warm.
Silvio entgleitet das Spiel, die Mitspieler folgen seinen Anweisungen nicht mehr. Angespannt und nervös wirkend verlässt er Maximilian und Armando, springt durch den Raum, lässt ein paar Befreiungsschreie los, die Gott sei Dank nicht kritisiert werden und kehrt nach ein paar Minuten mit neuer Kraft und Ideen zurück.

Ich entferne mich, habe das Gefühl zu stören und durch meine Anwesenheit das Spiel zu sehr zu beeinflussen.

Aus der Ferne bekomme ich nur noch Bruchteile mit. Die Rollen werden getauscht, es gibt Dracula, Batman, Superman, dazwischen Gefangene, Blut wird gesaugt, diskutiert, wer böse ist, wer wen rettet, wo Fallen gebaut werden, was die Zauberfee wirklich kann und dass Batman gar kein Blut mag.

Ich bestaune sie, wie sie jeder für sich und doch miteinander das Spiel arrangieren, sich ganz und gar einlassen, mit Haut und Haar dabei sind und sich körperlich und psychisch verausgaben, ihre Träume und Fantastereien zum Ausdruck bringen, Hürden überspringen und sich vielleicht sogar therapieren.

Durch Beobachtung kann Verbundenheit wachsen

Meine Enkeltöchter haben bei mir übernachtet. Sie sind erkältet und husten ein wenig. Wir bleiben zu Hause. Es ist Sonntag, das gemeinsame gemütliche Frühstück haben wir genossen und beendet, nur ich „alleine" sitze lustvoll bei meiner letzten Tasse Kaffee.

Sophia und Isabella schleppen Puppen und Bären an, um bei mir in der Küche ihr Spiel zu beginnen. Da sie zu zweit sind, brauchen sie mich nicht als Mitspielerin, ich kann also bei „mir" bleiben, und mich später auf das Abräumen des Frühstückstisches einlassen.

Im Moment kommt Sophia mit ein paar Kastanien, ein wenig Geschirr und einer Decke für die Puppen aus. Ihr „Leben" wird zusehends bewegter, reichhaltiger und gleichzeitig das „Zubehör" vielfältiger; Fläschchen, Kissen, Besteck, Körbchen, ein paar Kieselsteine, ein Topf, der Puppenwagen sind für den augenblicklichen Lebensstil unbedingt nötig. Die Puppen werden bekocht, gefüttert und vor allem immer wieder schlafen gelegt. Ein Thema, das fast jedes Spiel begleitet.

Isabella setzt sich in den stabilen Holzpuppenwagen. Sie wird von Sophia durch den Gang geschoben. Während mich beide verlassen, teilt mir Sophia kühn mit: „Wir gehen jetzt ein bisschen heiraten. Wenn die Kinder weinen, musst du sie trösten!"

Verunsichert frage ich: „Und wie soll ich das machen?"

Sophia gibt klare, eindeutige Anweisung: „Du musst sagen: ‚Warte – nicht weinen, die Mama kommt gleich!'"

Kurz darauf tönt es auffordernd aus dem Flur: „Die Kinder weinen, du musst sie trösten!"

Deutlich vernehmbar tröste ich die „Kinder" mit dem vorgegebenen Satz und in der entsprechenden Tonlage. Da mich kein korrigierender Kommentar erreicht, habe ich wohl meine Aufgabe wunschgemäß erfüllt.

Ich habe mich auf das „Mitspielen" eingelassen, wurde fast überrumpelnd aufgefordert, ersetze einen mangelnden Spielpartner, was mir generell widerspricht, aber in diesem Falle die einzige Lösung ist.

Jetzt bin ich nicht mehr bei mir und auch nicht beim Kaffeetrinken, ich bin aufgefordert, in einer bestimmten Art und Weise am Spiel, am Leben meiner Enkeltöchter teilzunehmen, die mich sehr anrührt und angeht. Innerhalb der nächsten 10 Minuten muss ich mindestens sechsmal mit den erlösenden Worten, in beruhigender Melodie Trost spenden. Allerdings wurde der Zuspruch zwischendurch differenziert erweitert: „Du musst jetzt sagen: ‚Warte, nicht weinen, du musst erst lange warten und dann kurz und dann kommt die Mama gleich!'" Das Heiraten wird durch mannigfaltige Arbeitsreisen der Mutter ersetzt. „Ich fliege jetzt nach Düsseldorf, oder nein, nach Frankfurt, und dann nach England und in die Schweiz." Mit großer Lust verkündet sie, dass sie das große Kind mitnimmt und ich das kleine Kind streicheln solle mit zusätzlichem Trostvokabular.

Anscheinend ist inzwischen durch die eindringlichen Wiederholungen genügend Trost „angekommen", hat sich ausgebreitet, wurde ausgekostet, hat die Seele für den Moment geheilt. Sophia taucht wieder auf, blinzelt mich lächelnd an, legt den Zeigefinger auf die geschlossenen Lippen: „Pst, pst, pst, die Kinder schlafen jetzt!" Gleich darauf soll ich den „Kindern" etwas vorsingen, dies fällt mir nicht schwer, aber schon müssen die Großen in die Schule und die Kleinen in den Kindergarten gehen. Neugierig und ein wenig einmischend frage ich, ob sie dies gerne tun, worauf mir Sophia versichert: „Ja, sie gehen gerne in die Schule und in den Kindergarten auch." Da bin ich aber froh!

Dieser Szeneninhalt beschränkt sich nur auf einige Minuten, denn jetzt folgt das aktuelle Thema „Erkältung und Husten". Intensiv und mit erfüllender Ausdauer wird jedes Puppen- und Bärenkind mit Hustensaft „Mmm, der schmeckt gut!" versorgt, mit Medizin für den Bauch und mit Nasentropfen versehen, weil sie „Nasentropfenweh" haben. Sophia weiht mich ein, dass die Kinder gerne die Medizin nehmen, aber dass sie das Fiebermessen nicht mögen und: „Ich gebe ihnen immer wieder Medizin und dann werden sie auch immer gesund."

Aha, denke ich bei mir, die 3 ½ jährige Sophia glaubt schon an die Wissenschaft und an die positive Wirkung der Medizin!

Viele kleine Fläschchen werden hin- und hergereicht, eventuell mit Kleinmaterial gefüllt, geschüttelt und Inhalte verabreicht. Nebenbei ist Sophia noch damit beschäftigt, ihre kleine Schwester, die nur selten als gleichwertiger Mitspieler anerkannt wird, im Auge zu behalten. Isabella möchte unbeirrt die gleichen Utensilien wie die große Schwester besitzen und ihre Handlungen nachahmen. Manchmal helfe ich zu Gunsten beider, ihren Wünschen und Handlungsfreiheiten gerecht zu werden, worüber Sophia erleichtert ist.

Zum Abschluss schlüpft Sophia, während Isabella sich ausgiebig mit Schachteln und Fläschchen beschäftigt, in den „Post-Liebesboten". Mit einer alten Umhängetasche, gefüllt mit echten Briefumschlägen, Kieselsteinen und einem Geldbeutel tritt sie glücklich vor mich hin und klopft auf ein Holzbrett. Ich muss „Herein" rufen und „Treten Sie ein, Herr Postbote" sagen, dann überreicht sie mir strahlend einen Brief mit dem akustisch übermittelten Inhalt: „Vielen Dank für den Geburtstag und dass du da warst und viele liebe Grüße!" Zusätzlich bekomme ich noch eine Handvoll „Schokolade" – ganz viel – ganz viel!!!

Es ist Mittag, der Papa holt die Mädchen ab, wird freudig begrüßt und erkundigt sich, wie wir die Nacht und den Vormittag verbracht haben. Dabei fällt mir auf, dass der Schlaf, vor allem bei Isabella, durch mehrmaliges Husten unruhig war und immer wieder unterbrochen wurde, dagegen die letzten sehr gefühlsstarken Stunden ohne jeglichen Hustenreiz abliefen. Ich weiß, dass die Nächte kranker Kinder meistens problematischer verlaufen als die Tage, aber ich glaube auch, dass das Spiel als lebendiger Ausdruck etwas Befreiendes, Auflösendes, Lösendes mit sich bringt.

Als ich wieder bei „mir" bin, steigt mir Sophias „Leitsatz", der fast wie eine Beschwörungsformel klingt, auf: „Warte, nicht weinen!" Warum eigentlich nicht weinen? Gibt einem das Nicht-Weinen wirklich mehr Trost? In der Regel beruhigt sich der Weinende selbst, weil er das Mit-Leiden des anderen nicht mehr aushält. Aber wir wissen, dass der Schmerz deshalb nicht weniger wird.

Wenn Sophia bei mir übernachtet, kann es beim Zubettgehen immer wieder mal zu Gefühlsausbrüchen kommen. Weinend schluchzt sie dann: „Ich bin so traurig, weil die Mama nicht da ist." Ich frage sie, ob ich sie lieber nach Hause fahren sollte und sie antwortet: „Nein, nicht, ich will dableiben, aber ich bin trotzdem so traurig!"

Solche Momente „erschüttern" mich und bereiten mir Herzeleid. Es melden sich Sehnsüchte und Verbundenheit.

Der erfahrene Blick – der offene Blick

Fünf Kinder spielen auf engem Raum. Jeder von ihnen hat einen Holzbaustein in seiner Hand und schießt damit nach oben in die Luft. Die Schießerei wird durch zischende, krachende Laute, die aus ihrem Munde tönen, geräuschvoll unterstützt. Ein fantastisches Training ihrer Zungen- und Lippenmuskulatur!

Die Kinder wirken aufgeregt, laufen durcheinander, springen von einem Stuhl und lassen anschließend eine Art Kletterbewegung erkennen. Ihr zusätzlich ängstliches Stimmengewirr hilft mir nicht, den Inhalt ihres Spieles zu verstehen. Meine erfahrenen Augen und Ohren vermuten ängstlich eine wachsende Unruhe und Hektik, die sich auf andere Kinder übertragen könnte. Frau Mayer, die anwesende Erzieherin, hat den größten Teil des Raumes, auch die lärmende Gruppe im Blick. Sie erkennt keine bevorstehenden Gefahren und lässt das Spiel der Kinder vertrauensvoll zu.

Ich lehne mich innerlich zurück und betrachte das Geschehen mit fragendem Blick und offenem Herzen. Das Handeln der Kinder ist kein Spiel, sondern ihre momentane Realität. Plötzlich breitet sich ihr Leben vor mir aus. Was ich anfangs als Waffe gedeutet habe, entpuppt sich jetzt als Feuerlöscher, die Schießgeräusche stellen sich als zischender Wasserstrahl heraus, die nebulösen Kletterbewegungen enthüllen sich als ein Hinabsteigen auf der Feuerleiter. Das zappelige Hüpfen von den Stühlen offenbart sich als der lebensrettende Notsprung aus dem Fenster des brennenden Hauses. Das aufgeregte Durcheinanderlaufen entschleiert sich als hastiges Fliehen vor dem großen Feuer und das ängstliche, aufschreiende Stimmengewirr verrät den Panikzustand, der aus der höchst gefährlichen Notsituation entspringt.

Ich fühle Mitleid und Bewunderung für die intensiv „spielenden" Kinder. Mitleid, weil sie sich mit einem angsteinflößenden Thema auseinandersetzen, Bewunderung für die Sprache, die sie finden, um uns ihre tiefen Ängste zu zeigen und sie zu verarbeiten.

Mit gleichbleibender Intensität wiederholen die Kinder das Löschen der Flammen, das Fliehen vor der Gefahr, bis sie genug haben und sie sich erschöpft, aber entspannt an den Frühstückstisch begeben.

Im selben Augenblick erinnere ich mich an die sehr ausführlich gezeigte Fernsehberichterstattung einiger Brandkatastrophen von gestern und den vergangenen Tagen.

Ob es Bilder aus dem Fernsehen waren oder andere Erlebnisse, die sie zu diesem „Spiel" veranlassten, ist keine Frage für mich. Natürlich gibt es schädliche Fernsehbilder und Nachrichten, die Kinder krank machen. Die Kinder finden aber oft von sich aus einen Modus, sich ihrer Schreckensbilder und Ängste zu entladen. Wenn sie die geborgene Umgebung spüren, werden sie ihre Ängste nicht „ungekaut" schlucken müssen, sie werden sie „verdaut" loslassen können.

Vertrauen lernen im Kindergarten

Eingewöhnen

Der Beginn des Kindergartenjahres ist meist eine sehr aufregende Zeit für Eltern, Kinder und Pädagogen. Jedes Jahr eine neue Konstellation, die von allen Beteiligten Geduld und eine positive Einstellung verlangt. Besonders angerührt haben mich die verzweifelten, wütenden, durchdringenden Aufschreie der Neuankömmlinge. In jenen Augenblicken meldete sich mein „inneres Kind", das mitweinen wollte und traurige Gefühle des Verlassenwerdens aufsteigen ließ.

Und weil wir alle verschiedene Erlebnisse mitbringen, reagieren wir unterschiedlich auf die heftige Ausdrucksweise der neuen Kinder. Es gibt kein Rezept, wie sich die Kinder am idealsten eingewöhnen. Kinder zeigen ungleiche Eingewöhnungsphasen. Die einen strampeln, schreien und schlagen um sich, die anderen weinen leidend vor sich hin, bewegen sich nicht vom Stuhl oder schwirren im Raum umher, öffnen jede Schublade, sind aktiv, nervös, um sich und ihren Schmerz nicht wahrnehmen zu müssen.

Auch wenn es immer das Kind ist, das schreit, ist es gar nicht offensichtlich, wer sich von wem nicht trennen kann. Sicher ist der Grund, warum ein Kind den Kindergarten besucht, von Bedeutung. Ist ein Elternteil alleinerziehend und auf den Kindergartenplatz angewiesen, ist es die einzige Möglichkeit, das Kind versorgt zu wissen, stehen beide – Elternteil und Kind – unter einem gewissen Druck.

Manchmal haben sich gerade diese Kinder schon früher durch den Besuch einer Kindergruppe oder Kleingruppe an die gegenseitige Trennung gewöhnt. Kinder, die aus pädagogischen Motiven in den Kindergarten gehen und keinerlei Gruppenerfahrung haben, erleben den Anfang möglicherweise als gespannt, aufregend und sehr anstrengend.

Erfahrungen und Reflexionen für den Kindergartenanfang

Es gibt ein Grundrecht für alle Menschen, vorbehaltlos wahrgenommen zu werden! Fühlen Sie sich so gut es eben möglich ist, in die Nöte der Eltern und Kinder ein, nehmen

Sie sich selbst und das innere Kind in sich wahr, handeln Sie in Liebe und aus dem Herzen. Gegenseitiges Vertrauen hilft allen.

Der größte Wunsch der Eltern ist wohl, dass das Kind mit seinesgleichen zusammenkommt, eine glückliche, interessante Zeit erlebt und nebenbei oder sogar hauptsächlich etwas lernt; sie hoffen auch, vielleicht endlich mehr Zeit für sich und andere Dinge zu haben.

Es wird von den Eltern sehr viel Vertrauen in den Kindergarten gefordert und Vertrauen in das eigene Kind, ob es die Trennung verkraftet. Eltern geben schließlich ihr liebstes „Gut" aus den Händen. Ihr ganzes Leben hat sich durch das Kind verändert. Sie haben schlaflose Nächte und unruhige Tage hinter sich, die Freiheit wurde eingeschränkt und man hat eine intensive Beziehung zum Kind aufgebaut, mit ihm gebangt und gelitten, wenn es krank war und nun soll man ganz locker das Kind „abgeben". Manche Eltern verspüren ein schlechtes Gewissen, weil sie ihr Kind abgegeben haben. Außerdem bereitet es manchen Eltern Probleme, dass nun auch die Erzieherin als Bezugsperson geachtet, bewundert oder sogar geliebt wird. Viele Gedanken kommen zur Sprache. Ist das Kind schon reif für eine große Kindergruppe? Wie wird es mit der Situation ohne Mutter fertig? Was ist, wenn es traurig, wütend ist oder keine Freunde findet?

Und wie soll man die Kinder trösten? Ich habe meiner Intuition vertraut. Milos musste ich auf den Arm nehmen und festhalten, weil er sonst seiner Mutter nachgelaufen wäre. Er tobte und schlug um sich, wütend, verzweifelt. Auch wenn das Geschrei anstrengend war und mein Herzschlag sich beschleunigte, wusste ich, dass Milos seinen Schmerz irgendwann verarbeiten würde, auch weil er ihn ausdrücken durfte.

Andere Kinder wollten nur mit Worten beruhigt werden. „Deine Mama kommt bald wieder." Immer wieder der gleiche Satz. Da ist für beide, Kind und Erzieherin, sehr viel Geduld und Ausdauer nötig. Ich habe die Kinder selten von ihrem Schmerz abgelenkt, sondern ihn einfach zugelassen.

Natürlich gibt es Kinder, die vom ersten Tag an mit großer Freude und viel Vertrauen in den Kindergarten gehen, aber manchmal sieht es beim oberflächlichen Hinschauen nur so aus. Kinder, die es nicht gewöhnt sind ihre Gefühle zu zeigen und es ihren Eltern und der Erzieherin recht machen wollen, verbergen ihren Kummer. Die Euphorie der Eltern, dass es im Kindergarten sehr schön sei, übernehmen solche Kinder als ob es ihre eigene Hochstimmung sei. Sie wollen auch nicht getröstet werden, weil sie ja gar nicht traurig sind! Am häufigsten ziehen sie sich – wenn es erlaubt ist – zurück und beobachten das Geschehen, ansonsten lenken sie sich mit irgendeinem Spielzeug ab. Nur in der aufmerksamen, umsichtigen und zulassenden Beobachtung erfahre ich eventuell, wie sich das Kind wirklich fühlt. Solche Kinder fallen weniger auf, weil man sich den „lauten" Kindern, die ihren Zustand offen zeigen, zuwendet. Auch die schüchternen Kinder gewöhnen sich ein. Manchmal werden sie krank, um der Situation aus dem Weg zu gehen, die nötige Zuwendung zu bekommen und den Kindergartenbesuch hinauszuzögern, ihn zu unterbrechen.

Jede Mutter, jeder Vater, jede Erzieherin sollte sich nach genauem Hinsehen auf die eigene Intuition verlassen. Vielleicht spiegelt das Kind in seiner Eingewöhnungsphase etwas wieder, das wir in uns selbst näher anschauen sollten.

Auf alle Fälle wäre es wünschenswert, wenn die Bezugsperson in den ersten Tagen im Kindergarten hospitieren dürfte, das Kind nur stundenweise die Gruppe besuchen könnte und es selbst entscheiden darf, wann die Mutter nach Hause gehen soll. Je mehr Verständnis wir für die „Neulinge" zeigen, desto mehr haben es die „alten Hasen" gelernt und können entsprechend mit ihnen umgehen ohne unter Druck zu stehen. Allerdings zeigt manchmal „die alte Generation", die bisherige Gruppe, auffälliges Verhalten, weil die Neuen so viel Aufmerksamkeit fordern. Das ändert sich nach ein paar Tagen und nach einigen Worten der Erinnerung an die eigene Anfangs-Situation.

Wenn das Kind nach der ersten Eingewöhnungsphase dem Kindergarten für längere Zeit fernbleibt, durch Krankheit oder Urlaub, können „alte" Ängste wieder auftreten. „Rückfälle" sind möglich. Diese Gefühle der Kinder – Wut, Angst, Verzweiflung – sind ernst zu nehmen, obwohl man sie als Erwachsener nicht wahr haben will, sie unter den Teppich kehren möchte, weil die eigene Hilflosigkeit hoch kommt und man sich ohnmächtig fühlt. So ein „Theater" (Ausdruck von manchen Erzieher/-innen und Eltern) möchte man nicht noch einmal erleben, es nervt und stört. Das Unterdrücken und angebliche Beruhigen der Gefühlsausbrüche („Du brauchst nicht traurig sein. Im Kindergarten ist es doch so schön. Hier sind deine Freunde. Bitte hör auf zu weinen. Jetzt mach nicht so ein Theater!") ist fehl am Platz. Es verursacht beim Kind ein schlechtes Gewissen und die Überzeugung, etwas falsch zu machen, nicht verstanden zu werden und den eigenen Gefühlen nicht vertrauen zu können.

Es wäre wünschenswert, jegliche angelernte Erziehungsmaßnahme zu vergessen, aus der *eigenen* Überzeugung zu handeln und die Not des Kindes zu erkennen. Ein erneutes Loslassen ist angesagt und die Eltern müssen sich wieder neu entscheiden für das, was sein soll. Das Kind fühlt sehr wohl, ob Eltern *un*entschieden sind, nicht genügend Vertrauen in den Kindergarten haben oder nicht mit dem Erziehungsstil einverstanden sind.

Auch wenn das Kind schon lange und auch sehr gerne den Kindergarten besucht, kann es immer wieder zu „Krisentagen" kommen. Fragt man nach dem Motiv, erhält man meist nur einen vorgeschobenen Grund, eine Art Entschuldigung. Es sind Gefühle, die man nicht beschreiben kann. Ein Gespräch zwischen Eltern und Erzieherin erleichtert die Situation und bringt Klarheit. Was für den Erwachsenen eine Selbstverständlichkeit ist, ist für das Kind undurchschaubar, unbe-„greif"lich. Solche Situationen können zum Beispiel sein:

Der Urlaub steht vor der Türe, eine geliebte Person kommt oder geht, der eigene Geburtstag oder andere Festivitäten, die Schwangerschaft der Mutter und Geburt eines Geschwisterchens, unausgesprochene Meinungsverschiedenheiten der Eltern oder Bezugspersonen, Streitigkeiten, die in der Luft hängen, Krankheit, Kummer und Sorgen der Eltern, Streit und Enttäuschungen mit den Kindergartenfreunden, Stress im Kindergarten, Wechsel des Personals, sich unwohl fühlen, eine Krankheit ausbrüten.

Kennen Sie das auch, dass nach Urlaub oder Krankheit der erste Arbeitstag mit gemischten Gefühlen begonnen wird und Fragen auftauchen: Was erwartet mich? Freude? Wie geht es weiter? Ist das, was ich tue, immer noch wirklich das Meinige?

Ich liebte meinen Beruf sehr und ich kenne diese Gefühle trotzdem. Es war jedesmal ein „neuer Anfang", der „Schritt" aus der „Urlaubs- und Krankheitswelt" in die „Arbeitswelt" muss jedesmal neu vollzogen werden. Das gilt erst recht für die Kinder.

Auf die Schule vorbereiten?

Die meisten Lehrer und Eltern wünschen sich, dass ihre Kinder gut auf die Schule vorbereitet werden. Manche Eltern übernehmen selbst die Aufgabe und versuchen, dem Kind möglichst viel „beizubringen", damit es in der Schule einen guten Start hat. Bei den Lehrern gibt es die unterschiedlichsten Vorstellungen, wie ein Kind sein soll, wenn es in die Schule kommt. Die eigenen Schulängste werden beruhigt, verdrängt oder offenkundig.

Erzieherinnen möchten es oft den Lehrern, den Eltern und ihrem guten Ruf recht machen. Deshalb soll das Kind ruhig sitzen können, aufmerksam sein und sich konzentrieren können. Es soll selbstbewusst sein, nur reden wenn es gefragt wird, Ausdauer zeigen, fleißig sein.

Das Stillsitzen soll es zum Beispiel lernen, indem es übt, also immer ein bisschen länger stillsitzen. Wenn das Kind genügend gelobt oder getadelt wird, kommt man zu einem

Ergebnis, das Folgen mit sich trägt. Wenn das Kind still sitzt, ist es brav, andernfalls ist es böse oder ein Zappelphilipp usw. Wenn es seiner Unruhe, seinem Bewegungsdrang nachgibt, dann wird es negativ beurteilt, gilt bald als schwierig oder unruhig. Wenn es sein Bedürfnis nach Bewegung unterdrückt – meist auf Kosten seiner Gesundheit – dann ist es brav und kann ein guter Schüler sein.

Ich frage mich, wie Erzieherinnen diese Ziele nur annähernd erfüllen wollen? Wenn sie es wirklich könnten, dann wären sie im falschen Beruf!

Ich kann die Ängste der Eltern nachvollziehen. Auch die Lehrer haben es nicht einfach, wenn sie dem Schulsystem gerecht werden wollen, auf die Verschiedenartigkeit der Kinder eingehen wollen und den Vorstellungen der Eltern und der Hierarchie entsprechen möchten. Das ist nicht zu bewältigen. Es sind zu viele entgegengesetzte Ansprüche. Die Kinder sind die Leidtragenden, weil Systeme und Vorstellungen im Vordergrund stehen. Nicht das Kind ist das Kostbare, sondern das Wissen, das in sie hinein geschüttet werden soll.

Wenn ich etwas lernen soll, muss ich es erst wollen. Aber wie kommt das Kind zum Wollen? Sicher nicht durch Zwang und Druck! Warum sind die Kleinkinder, falls man sie lässt, allesamt fleißig und wissbegierig? Sie sind unermüdlich im Forschen, Ergründen und Entdecken. Ohne diese Vorerfahrungen, die das Kind aus eigenem Drang und mit Lust vollbracht hat, könnte Schule gar nicht stattfinden!

Von der ersten Minute ihres Lebens an lassen sich die Kinder auf die Welt ein, aber nicht unbedingt auf die Dinge, die wir ihnen als Ersatz anbieten. Sie wollen das, für was sich die Erwachsenen interessieren. Das ist nicht immer möglich, aber sie lassen sich ungern mit Imitationen abspeisen. Das Kennen„lernen"-Wollen entsteht aus dem Bedürfnis und dem Interesse, aus der Beziehung zu den Dingen.

Viele Jugendliche erstreben einen bestimmten Schulabschluss, weil sie sich damit die besseren Chancen in unserer Gesellschaft erhoffen. Der Weg dorthin ist beschwerlich und macht viele Kinder und Jugendliche krank. Es ist nicht das Interesse und Bedürfnis an den Inhalten, sondern nur am Endergebnis, dem Abschluss, und manchmal nützt einem dieser auch nichts. Dann ist die Wut und die Trauer um die verlorene Zeit besonders intensiv.

Gott sei Dank gibt es auch gute Schulen, hervorragende Lehrer, die nicht mit der Masse schwimmen und Persönlichkeit zeigen. Dazu muss man nicht revolutionär sein. Es hängt von der jeweiligen, sehr unterschiedlichen Haltung und Einstellung ab, aus welchen Beweggründen man handelt und wie man seinen Beruf versteht.

Gut durchdachte und vorbereitete Projekte, die zugleich mit der Offenheit des Zulassens, des Veränderbaren, des Weg-Abweichens durchgeführt werden, fördern die Lust am Lernen. Es gibt für Lehrer und Schüler immer noch die Möglichkeit, etwas Neues zu entdecken, Neues zu erschließen und zu ergründen. Lerninhalte, die einen begeistern, – *begeistern* –, die einen angehen, lassen Interesse und eine Beziehung aufkommen. Solche Projekte sind zeitaufwendig und das daraus entstandene Wissen ist nicht von vorneherein offenkundig und abfragbar. Trotz vieler Bemühungen, ein neues Verständnis von Lernen zu wecken, ist dieses Wissen heute nach wie vor wenig gefragt.

Erzieherinnen sind viel freier als Lehrer, andere Wege des Lernens mit ihren Kindern zu gehen. Sie sollten diese Chance nutzen und sich nicht dem Zwang, es der Schule recht machen zu müssen, unterwerfen.

Lernwege

Die Techniken, wie der Umgang mit den Stiften, dem Pinsel, den Farben, dem Klebstoff, dem Kleister, mit der Schere und dem Papier sind nicht mit den gezielten Förderungen alleine zu erlernen. Das Kind muss täglich die Möglichkeit haben, sich mit diesen Materialien freiwillig auseinandersetzen zu können. Wenn das Material ansprechend ist, gibt es, bis auf Einzelfälle, kein Kind, das nicht anbeißt!

Selbstverständlich bieten sich auch hier Projekte und Aktionen an, die nichts mit den alltäglichen Bastelarbeiten, die womöglich korrigiert, das heißt nachgeschnitten werden, zu tun haben. Kritik und Korrektur verderben die Lust am Tun. Das meiste schauen sich die Kinder von denen ab, die es können. Es steht außer Frage, dass man das Material einführt und zeigt, wie man damit umgeht.

Auch das Erlernen der Sprache und das Ausdrucksvermögen hängt nicht von einem Trainings-Programm oder einer Methode ab. Viel ausschlaggebender ist, wie differenziert und mit welchem Wortschatz Sie mit den Kindern sprechen, ob Sie ihnen zuhören, wenn die Kinder das Wort ergreifen und ob Sie etwas zur Sprache kommen lassen können.

Konflikte partnerschaftlich zu lösen, kann zur Sprachförderung beitragen. Darf das Kind, auch wenn es für schuldig gehalten wird, zu Wort kommen? Darf auch durcheinander und laut gesprochen werden, um sich von Anschuldigungen zu befreien und wieder tief Luft holen zu können? Manche Kinder können sich in solchen Situationen nur mit Gesten und Blicken ausdrücken. Auch das ist Sprache! Wer ihnen gut gesonnen ist, wird sie verstehen oder zumindest versuchen, Worte zu finden, um Geste und Blick den anderen

Kindern mitzuteilen, zu übersetzen – so wie im o.g. Fall von Maxim. Wenn die Erzieherin die gesuchten Worte findet, baut sie eine Brücke, über die das Kind mit der Zeit seine eigenen Worte findet.

In Auseinandersetzungen suchen die Kinder aus *eigenem* Interesse die Sprache der Verständigung. Dies alles braucht Zeit, Einfühlungsvermögen, Mitgefühl und nicht das schnelle Ausbügeln des Konfliktes.

Der (gute alte) Stuhlkreis

Immer wieder habe ich festgestellt, dass die Frage nach dem Stuhlkreis mit sehr entgegengesetzten Meinungen diskutiert wurde. Die einen empfanden ihn als altmodisch, als etwas Starres, Überholtes, Erzwungenes. Die Verfechter dagegen bewerten ihn als Ruhepol, als festen Punkt des Tages.

Nur in meiner Anfangszeit empfand ich den Stuhlkreis als Quälerei. Wir hatten fast vierzig Kinder, nicht genügend Stühle, mussten uns mit Hockern und Bänkchen aushelfen. Der Raum hatte knapp 50 qm, davon verschluckten Tische und Schränke, Kommoden und ein Schreibtisch wertvolle Quadratmeter Spiel- und Sitzfläche.

Später reduzierte sich die Gruppenzahl. Wir, die Kinder und ich, hatten mehr Raum zur Verfügung. Ich hatte die Wahl, den Stuhlkreis anders zu organisieren. Die Kinder konnten auf Kissen oder Teppichen sitzen und in verschiedene Ecken ausweichen.

Die Kinder liebten den Stuhlkreis, denn wir hielten uns nur so lange – oder kurz – auf, wie es ihnen angenehm war. Sie suchten sich ihren Platz selbst, dabei entstand mancher Konflikt, der mit Einfühlungsvermögen der Erzieherin und gutem Willen zu lösen war. Nebenbei kann sich ein Kindertraum erfüllen, wenn ein Kind zufällig neben der „Herzdame" sitzt, die einem das Herz höher schlagen lässt.

Wenn im Stuhlkreis lange Gespräche und „Predigten" stattfinden, wird das Sitzen zur Qual, die Kinder unruhig und nervös. Für längere Gespräche, auch wenn der Inhalt noch so interessant ist, sind es meist zu viele Kinder, der Entwicklungsstand, das Alter und die Neigungen der Kinder zu unterschiedlich. Für ausländische Kinder ist dies eine Zumutung! Wenige kommen zu Wort. Nur durch ihr auffallendes Verhalten können die Kinder zeigen, dass sie überfordert sind, dass man ihnen etwas beibringen möchte, wonach sie nicht gefragt haben.

Selbstverständlich habe ich den Kindern oft etwas mitgeteilt oder mit ihnen etwas Wichti-

Bis auf einige Ausnahmen sitzen alle Kinder im Stuhlkreis. Die „alten Hasen" freuen sich über die schon bekannten Angebote und spielen begeistert mit. Neue Kinder beobachten erst und gewinnen, je nach Atmosphäre, Vertrauen. Es herrscht kein „Mitmachzwang".

ges besprochen. Ein neue Praktikantin wurde vorgestellt. Das Verhalten bei einem angekündigten Feueralarm wurde durchgesprochen. Ein Besuch wurde angekündigt. Ich habe mich immer bemüht, die notwendigen Informationen kurz, knapp und kindgerecht weiterzugeben.

Wir haben uns getroffen, entdeckt wer da ist und wer fehlt. Die Kinder haben Fragen gestellt und Wünsche geäußert. Der Kreis war ein fester Punkt des Vormittags, auf den sich alle verlassen konnten. Den Kindern war es gleichgültig, ob wir uns im Stuhlkreis oder ab und zu in der Polsterecke getroffen haben.

Je nachdem was in der Luft lag – Angespanntheit, Aufgeregtheit, Nervosität, Erwartungen, Müdigkeit, Ängstlichkeit – und je nachdem wie die Kinder und ich mich fühlten, haben wir verschiedene Aktivitäten unternommen. Mal habe ich begonnen, rhythmisch zu klatschen, mit den Füßen zu stampfen, mal laut und mal leise, schnell oder langsam: die Kinder stiegen ohne Aufforderung sofort mit ein.

Oder ich räkelte und streckte mich, gähnte, atmete laut aus, gab brummende, fauchende, gurrende, ächzende oder hohe und tiefe, seufzende Töne von mir. Es war in diesem Moment kein gespieltes Theater, sondern ich war ganz und gar im Mich-Wohl-Fühlen und Entspannen. Wieder waren die Kinder begeistert und machten mit großer Freude mit. Es gab auch einige „sprachlose" Zuschauer.

Fast alle Fingerspiele, Verse und Reime haben wir im Stuhlkreis gelernt. Die Auswahl war groß und wir wiederholten sie nach Lust und Laune, aber nie bis zur Lustlosigkeit. Selbstverständlich wurde kein Kind abgefragt oder kontrolliert, ob es die Reime konnte. Ich suchte nach Spielen und Liedern, die mir selbst Spaß machten, so konnte der Funke meiner Begeisterung leicht auf die Kinder überspringen. Die Kinder verlangten ständige Wiederholungen und meine Kollegin und ich wurden nicht müde, ihren Bedürfnissen gerecht zu werden. Wer die Lieder noch nicht konnte, sprach innerlich mit und las uns von den Lippen ab. Für fremdsprachige Kinder ist dies eine wunderbare Möglichkeit, die deutsche Sprache und deren Klang mit Freude und Genuss kennen zu lernen und sie als etwas Lebendiges einzuverleiben. Der Rhythmus und die Wiederholung bringt die Sicherheit, aber nur wenn die Sprache nicht zum Geschwätz, zu Floskeln und leeren Formeln degradiert wird. Die Kinder spüren, ob ich innerlich beteiligt bin, oder ob es ein routinemäßiges Abspulen ist.

Schwung und neue Energie tankten wir auch durch temperamentvolles Singen. Oft entwickelten sich Lieblingslieder oder Spiele für den Kreis, die zum täglichen genussvollen Repertoire gehörten. Man kann vieles im Kreis tun, man muss nur wissen, wann es genug ist.

Verse und Fingerspiele haben wir natürlich nicht nur im Stuhlkreis, sondern zu jeder sich bietenden Gelegenheit gelernt und wiederholt, beim Warten auf das Mittagessen, vor dem Schlafengehen, während des Aufräumens und Ankleidens und beim Warten auf die Eltern.

Regeln: ein gutes Übungsfeld

Um miteinander zu leben und um sich und andere zu schützen, braucht man Regeln, aber keine Prinzipien. Regeln werden von der jeweiligen Situation bestimmt und so lange anerkannt, wie die Umstände es erfordern. Es sollte klar sein, dass man hinter der jeweiligen Regel steht, von der Wichtigkeit überzeugt ist.

Eine sehr befahrene Straßenkreuzung braucht eine Ampel. Nachts dagegen, wenn der Verkehr nachlässt, gelten andere Regeln, rechts vor links oder Vorfahrt achten. So ändern sich manche Regeln je nach Gruppenzahl, Alter und Eigenart der Kinder.

Es gibt allerdings Regeln, die immer gelten, wie z.B. „Kein Erwachsener und kein Kind darf andere belästigen, bedrohen oder erpressen".

Es gibt viele Gründe, warum Kinder Regeln verletzen. Es ist sehr oft ein unbeholfener Versuch der Kontaktaufnahme oder Unsicherheit. Nicht alle Kinder und Erwachsenen sind es gewöhnt, Regeln wahrzunehmen und sie einzuhalten. Trotz Regeln gibt es auch unlösbare Konflikte. Man möchte z.B. die Nähe des Anderen, möchte geliebt werden, wird aber abgewiesen – eine tragische Situation, die das Leben mit sich bringt.

Dass Regeln von manchen Kindern übertreten werden, ist normal, sie sollten sich üben können, die vorgeschriebene Regel wahrzunehmen, das Warum zu durchschauen und es anzuerkennen. Andererseits ist das Missachten der Regel für andere Kinder ein gutes Übungsfeld, die eigenen Rechte und Wünsche zu behaupten.

Rennen im Raum

Aus Platzgründen, Unfallgefahr und entstehender Hektik ist das Rennen im Gruppenraum nicht erlaubt. Wer Bewegung braucht und rennen will, kann das im Flur tun. Es gibt auch ungünstige Raumverhältnisse. Wenn Tische und Kommoden so gestellt sind, dass eine Art Flur entsteht, regt dies die Kinder zum Rennen an. Normalerweise ist es besser, diese „Gänge" mit Pflanzen oder einem Tisch zu unterbrechen.

Je nach Spielinhalt verändert sich diese Regel und wird gelockert. Wenn eine „Katze" dem „Räuber" nervös miauend davon springt, die „Mutter" ihr „unfolgsames Kind" einfangen soll oder die „Polizei" einem „Bösewicht" nachjagt, entsteht unweigerlich Bewegung und Erregtheit. Wie sollte ich das intensive Geschehen durch eine Regel verbieten, wenn sich hier pures Leben ereignet? Durch meine Beobachtung kenne ich den Grund der Aufregung, verstehe und fühle mit. Wenn all dies hinter meinem Rücken geschieht, macht es mich nervös und flößt mir Unbehagen ein.

Verbotene Spiele

Es fällt mir schwer, gewisse Kampfspiele der Kinder zu ertragen, aber es hatte keinen Zweck, sie zu verbieten. Entweder bauten sie sich aus Steckbausteinen Kampfutensilien, oder sie verwendeten ihre Hand mit ausgestrecktem Zeigefinger als Revolver, um ihre Schießerei durchzusetzen. Beim genauen Hinsehen stellte ich fest, dass es bei diesen Spielen um einen indirekten Kampf ging, nämlich sich zu behaupten, sich durchzusetzen, jemand ängstlich zu stimmen, um die eigene gewünschte Macht zu zeigen. Der „Kämpfer" braucht ein Gegenüber und sucht sich ein schwächeres oder gleich starkes Kind, je nach dem, an was er sich messen will! Für mich war es wichtig, dass kein Kind sich vor den Angriffen ängstigen musste. Jeder sollte die Wahl haben, sich für oder gegen das Spiel zu entscheiden. Also war die Regel: „Ich darf niemanden angreifen und bedrohen, wenn der andere nicht damit einverstanden ist". In der Praxis sah das so aus, dass manche Kinder tatsächlich gefragt haben, ob jemand mit ihnen „Kämpfen" oder „Schießen" spielen möchte und es fanden sich fast immer entsprechende Spielpartner. Für einige

Für den Umgang mit Spielzeugwaffen gelten feste Regeln. Eine Lernchance für alle Beteiligten.

Kinder galt der direkte Angriff als „Fragen", indem sie die Waffe dem „Mitspieler" oder „Opfer" vor das Gesicht hielten, mit vorsichtiger oder eindeutiger bedrohender Stimme klar machten: „Hände hoch oder ich schieße!" Das „attackierte" Kind konnte nun in das Spiel einsteigen oder nicht. Für einige ist dies keine Schwierigkeit, sie sind es gewöhnt sich durchzusetzen, ihre Wünsche zu äußern. Aber wie geht es den Schüchternen, Zurückhaltenden und sehr folgsamen Kindern?

Wenn ich als Erzieherin bei den Kindern bin, sie beobachte, mich nicht mit anderen Dingen abgebe, werden mir solche Szenen auffallen und ich handle. Wer sich nicht laut und deutlich verständlich machen kann, sondern sich durch die Drohgebärden einschüchtern lässt, zeigt seine Unsicherheit mit ängstlichen Blicken, Schultern hochziehen, eventuell einen Schritt rückwärts gehen. Es passierte immer wieder, dass dieses Verhalten vom „Angreifer" nicht verstanden wird oder er es nicht verstehen will, er ein kräftiges Nein erwartet.

Für beide Kontrahenten ist diese Situation eine Lernchance. Der Angegriffene muss mit der Zeit lernen klar zu zeigen was er will. Wort und Geste machen es deutlich „Nein, ich will nicht!" und die erhobene Hand verdeutlicht „Komm mir nicht zu nahe!" Das ist eine Möglichkeit, sich zu schützen und sich abzugrenzen, nicht nur anderen Kindern, sondern auch dem Erwachsenen gegenüber. Viele Menschen reagieren empfindlich, wenn sich die Kinder ihren Liebkosungen und Küssen entziehen. Manche Kinder riskieren dies gar nicht mehr, weil man ihnen zu verstehen gegeben hat, dass man dies nicht tue und dass man sie sonst nicht mehr liebe. Wie soll sich ein Mädchen oder Junge später gegen Bedrängungen, Belästigungen wehren? Der Fragende oder Angreifer lernt, die Gesten und Worte des Gegenübers zu erkennen, sie zu respektieren und daraus die Konsequenz zu ziehen.

Meine Einmischung und Hilfe bestand darin, den Partnern beizustehen und keinen als Bösewicht oder Schwächling einzuordnen. Die Regel bestand vor allem darin, dass der Fragende auf das eindeutige „Nein" des Gegenübers nicht mit einer zweiten Drohung oder Attacke reagierte.

Wenn es klar war, dass die Regel von einem Kind verstanden wurde und trotzdem nicht eingehalten wurde, war es mir wichtig, dies wahrzunehmen und sofort zu handeln. Je nach Situation erhielten die Kinder eine zweite Chance, um zu zeigen, dass sie die Regeln einhalten wollen.

Es ist nervenaufreibend für alle Beteiligten, wenn Erwachsene sehen, dass eine Regel übertreten wird und dann zwar schimpfen aber nicht handeln. Manche Kinder warten geradezu auf Konsequenzen. Vorwürfe wie „Jetzt habe ich es dir schon hundertmal gesagt", schaffen eine ungute Beziehung und tragen nicht zum Erlernen der Regel bei. Die nahmen bei denen es richtig ist, eine Übertretung zu übersehen oder sie zu gestatten, z.B. in der Beobachtung dem Spiel Vorrang zu geben und es zuzulassen, wie das Beispiel von Maximilian und Dorothea im Kapitel „Beobachten" zeigt.

Umgang mit Spielmaterial

Ich kann mich nicht erinnern, dass Kinder Spielsachen absichtlich kaputt gemacht haben. Sie probierten viel aus und entfremdeten das Material. Sicherlich ging auch einiges kaputt. Der Grund dafür war, dass die Spielsachen stark beansprucht wurden oder aus schlechtem Material hergestellt waren.

Manchmal stellte ich den Kindern alte Wecker und Telefone zur Verfügung. Mit Begeisterung zerlegten sie die Dinge mit Zangen und Schraubenziehern in viele Einzelteile.

Manche Erzieherinnen und Eltern haben Probleme damit, wenn Kinder das Spielzeug zweckentfremden oder nach Erwachsenen-Maßstäben unsachgemäß behandeln. Nach meiner Beobachtung erwächst gerade aus dem Zweckentfremden neue Kreativität.

In der freien Wahl des Spielortes und im freien Umgang mit Material, das auch zweckentfremdet eingesetzt werden darf, können sich Fantasie und Kreativität der Kinder entfalten. David und Nuhan messen und hämmern und gehen behutsam mit dem Material um. Nichts wird beschädigt.

Kinder fühlen sich besser, wenn der Erwachsene das Übertreten der Regel knapp erläutert und konsequent handelt. Jede Situation ist verschieden und es gibt immer wieder Aus-

Kuscheltiere

Man streichelt sie, berührt sie oder lässt sich durch ihr weiches Fell berühren, kuschelt sie, wiegt sie, riecht sie, schnuppert an ihnen, spricht und spielt mit ihnen.

Im Kindergarten gibt es einen Wäschekorb voller Kuscheltiere. Sie haben sich im Laufe der Zeit angesammelt, sind in ihrer Art, Größe und Material sehr verschieden, sind gepflegt und werden von den Kindern gerne benützt und sehr geliebt. Allerdings werden sie nicht ständig wie oben beschrieben behandelt. Die Kinder bauen sich aus den Tieren ein Nest, benützen sie als Abgrenzung, als Kopf- und Sitzkissen, als Einschlafhilfe während der Mittagsruhe oder verwandeln sie gar in Bälle, die sie sich gegenseitig zuwerfen. Kann man das verantworten?

Zwei Mädchen schaukeln vergnügt in der Hängematte. Isabella und Sophia möchten auch schaukeln, sind aber erst in ein paar Minuten dran. Sophia sitzt wartend neben dem Korb mit den Kuscheltieren, beobachtet die schwingende Hängematte, greift nach dem nächstbesten Tier und zielt auf die beiden Mädchen. Der Versuch, Domenica und Fadime zu treffen, ist misslungen. Das Kätzchen liegt auf dem Boden, bzw. auf der weichen, großen Matratze, die als Unterlage der Hängematte oder als Kuschelecke dient. Domenica und Fadime fühlen sich gar nicht angegriffen, im Gegenteil. Sie finden es lustig und feuern Sophia an, weitere Kuscheltiere zu werfen. Die meisten Tiere landen auf der Unterlage, nur wenige erreichen das Ziel, die Hängematte. Es ist schwirig, ein pendelndes Objekt zu treffen. Die Freude, die Wiederholung, die Sicherheit, dass nichts passieren kann, lässt die Werferin weitere Versuche riskieren. Was das Spiel noch unbeschwerter macht, ist, dass es keinen Verlierer gibt. Die Tiere, die auf den Boden fallen, werden zwar registriert, aber nicht mit einem „Oooh" kritisiert. Die aufgefangenen Tiere werden mit einem langen quietschenden Juchzer begrüßt. Ich bin Gast und alleine mit den vier Kindern im Raum, trage die Verantwortung für das Entfremdungs-Spiel der Kuscheltiere, hoffe und nehme an, dass niemand etwas dagegen hat. Wie schon so oft beobachtet, denken sich die Kinder während des Spieles verschiedene Schwierigkeitsgrade aus. Zur Zeit sitzen noch Domenica und Fadime in der Hängematte. Diese bestimmen, dass Sophia und Isabella nur auf ihr Kommando „Jetzt" werfen dürfen. Sophia findet dies spannend und lässt sich darauf ein. Allerlei Versuche werden durchgeführt. Einmal erklingt das Kommando „Jetzt", wenn die Hängematte sich im Schwung in der höchsten Höhe befindet, dann wieder wenn sie in der Mitte ist, oder wenn sie in der entgegengesetzten Richtung ankommt. Es ist ein ständiges lustvolles Ausprobieren, wie das Kuscheltier die Hängematte erreichen soll. Übung macht den Meister.
Sophia hält sich nicht mehr an die Kommandos, sie zielt, wann immer sie denkt, dass es

richtig ist. Keine Beschwerden, nur Freude und Lachen begleiten das Spiel. Ihre Begeisterung ist ansteckend und am liebsten würde ich auch mitspielen, ausprobieren, was und wann ich treffen würde, aber ich will nicht stören, nehme um so intensiver innerlich Anteil.

Der große Korb ist endlich leer, alle Hunde, Katzen, Löwen, Hasen, Eichhörnchen werden gemeinsam eingesammelt und der Platz in der Hängematte wird gewechselt.
Es geschah kein Missbrauch der Kuscheltiere, die Kinder haben sie nur zu Wurfgegenständen umgewandelt. Nichts ging kaputt, keiner wurde geschädigt oder bedroht, alle juchzten vor Freude. Natürlich könnte man für diese oder ähnliche immer wieder entstehenden Wurfspiele einen Korb mit kleinen und großen Softbällen parat stellen. Das wäre aber kein Ersatz für dieses Spiel. Es ist viel leichter, ein Kuscheltier am Kopf, an den Beinen zu greifen und gezielt zu werfen, es rollt dem Kind nicht wie ein Ball aus der Hand, es bleibt dort liegen, wo es landet und es lässt sich durch seine Gestalt leichter fangen und vor allem macht es mit einem Ball nicht halb so viel Spaß.

Puppen: geschlagen, beschimpft, arm und nackt?

Es war immer wieder zu beobachten, dass Kinder ein Puppenbaby verhauten und es ausschimpften. Die Puppen sollten so stabil sein, dass sie so eine Behandlung der Kinder vertragen. Dieser unsanfte Umgang mit Puppen gehört zum Spiel der Kinder und hat seine Berechtigung. Viele Erwachsene können dies nicht mit ansehen. Sie vergleichen die Puppen oft mit wirklichen Babys. Meist richten sie eine vorwurfsvolle Frage an die Kinder, die in Wirklichkeit ein Verbot sein soll: „Warum haust du die Puppe, du willst doch selbst auch nicht geschlagen werden, oder?" Das Kind möchte z.B. tatsächlich sein Geschwisterchen schlagen, aber es weiß, dass es dies nicht tun darf.
Was nützt es, dem Kind die Gefühle, die Wut, die Eifersucht, die Trauer, die es hat, zu verbieten! Durch ein Verbot werden sie zwar unterdrückt, aber nicht verarbeitet. Der „unangemessene" Umgang mit den Puppen ist eine der vielen Möglichkeiten, Gefühle zu zeigen und sie evtl. zu bewältigen.

Die meisten Kinder ziehen die Puppen gerne aus aber ungern wieder an. Die Kinder haben auch mehr Spaß daran sich selbst zu entkleiden, das Anziehen der Puppe ist nur ungleich schwerer, als sich selbst wieder anzuziehen. Mich störten die nackten Puppen in den Bettchen nie. Hie und da habe ich mich während der Aufräumzeit im besonderen Maße der Puppenecke gewidmet. Ich suchte nach passender Kleidung für die Puppen, aber kaum hatte ich mit dem Anziehen begonnen, interessierten sich die Kinder dafür und nahmen mir fast vollständig die

Arbeit ab. Kleine Hilfestellungen wurden mir manchmal gestattet.

Genau so erging es mir, wenn ich den Puppenschrank neu einrichten wollte. Ich sortierte Teller, Tassen, Töpfe, Besteck und die „Essens-Utensilien". Selten ließen mich die Kinder alleine. Sie mischten sich ein und nahmen mir das Einräumen aus ihrem eigenen Interesse ab. Allerdings tat ich diese Arbeit selbst gerne und hatte keine pädagogischen, erzieherischen Hintergedanken im Kopf. Diesen Ansatz durchschauen die Kinder meistens.

Bilderbücher und wertvolle Tücher

Ich legte Wert auf den sorgsamen Umgang mit Bilderbüchern. Sie sollten nicht absichtlich zerrissen werden, doch durften die Kinder sie ständig und in jeder Lage benutzen, d.h. auf und unter dem Tisch, sitzend oder liegend, in einer Höhle, in der Puppen-, Bau- oder Kuschelecke. Die Bücher mussten nach dem Ansehen nicht in die Bücherkiste eingeordnet werden. Es genügte, sie auf einem Tisch oder einer Kommode abzustellen. Bis auf eine Ausnahme sollten die Bücher nicht auf dem Boden liegenbleiben: Während der Mittagsruhe schauten manche Kinder Bücher an. Wenn sie müde waren und einschlafen wollten, legten sie ihr Buch neben sich auf den Boden.

Sehr stark benützte oder angerissene Bilderbücher wurden geklebt oder ausrangiert und durch neue ersetzt.

Die Kinder lernten auch anhand von besonders zarten Gegenständen, wie feinen Chiffon-Tücher, den entsprechend richtigen Umgang mit Material. Sie wussten z.B., dass sie sich und ihre „Wohnung" mit den Chiffontüchern schmücken konnten, aber nicht an den Tüchern reißen oder sie wie Seile zusammenknoten durften.

Mit Fördermaterial spielen und experimentieren

Cuisenaire-Stäbchen sind Materialien aus vergangenen Zeiten. Es sind Holzstäbchen in verschiedenen Farben und Längen, die zur Förderung des mathematischen Denkens verwendet wurden. Wie die Fröbel-Baukästen müssen diese Stäbchen auch nach einer bestimmten Ordnung in die dafür vorgesehenen Schachteln eingeräumt werden.

In meiner Einrichtung galt: Die Kinder konnten, wann immer sie wollten, mit diesem Material spielen und experimentieren, eigentlich entgegen dem ursprünglichen Verwendungszweck. Meistens legten sie Muster oder bauten waghalsig in die Höhe, befassten sich, ohne es zu wissen, mit den Gesetzmäßigkeiten der Schwerkraft und der Statik. Niemand mischte sich ein und „half", um etwas Bestimmtes zu erkennen oder „richtig" zu machen. Wenn das Gebäude einfiel, war weder der Erwachsene noch das Kind enttäuscht, das Kind hörte auf das entstehende

Die Kinder lassen sich auf das Spielmaterial ein, entfremden es, erforschen es, verwandeln es und sich selbst dazu, zaubern neue Welten. Keine Einmischung, kein Lob oder Kritik stört sie.

Geräusch und startete je nach Lust einen neuen Bauversuch.

War es das Fallen der Stäbchen, das die Kinder zu einem neuen, nun folgenden Klang-Experiment veranlasst hat? Von einem Moment auf den anderen begaben sich die Kinder in die Welt des Hörens. An ihrer Körperhaltung und ihren konzentrierten Blicken erkenne ich ihr Gesammeltsein und ihre Neugierde. Davinia schlägt mit einem orangen Stäbchen auf die Tischplatte, anschließend auf die Tischkante, auf die Stuhllehne, Domenica klopft auf den Plastik-Deckel, auf ihre Jeans, auf ihre Spange, die sie im Haar trägt, Olivia klappert zwei Stäbchen aneinander und erfindet Rhythmen.

Immer wenn es spannend wird, interessieren sich auch andere Kinder für das Spiel. Sie machen nach, was sie sehen und erfinden Neues. Davinia und Domenica stehen auf und suchen im Zimmer nach weiteren Klangmöglichkeiten. Sanft und auch mal stärker, trotzdem auf das Material achtend, schlagen sie verschiedene Gegenstände an: das Fensterbrett aus Stein, die Kinderspüle aus Metall, das Waschbecken aus Porzellan, ein Stoffkissen, den Boden, die Kommoden, den Puppenwagen ... Gesättigt kehren sie an ihren Platz zurück, wo sich andere Interessenten niedergelassen haben. Eifrig legen diese mit den Stäbchen Buchstaben-Formen auf die Tischplatte. Das E, ein F, ein T, ein L, ein V, ein H, ein I. Einige versuchen ihren Namen zu schreiben.

Die Kinder versuchen, die längeren kantigen Stäbchen, die 1 x 1 cm dick sind, der Länge nach zwischen ihre Finger zu klemmen. Manche schaffen es tatsächlich, vier Stäbchen gleichzeitig zu halten und greifen wie mit Roboter-Händen in die Luft. „Ich habe sooo lange Finger, schau!", „Ich auch!" Erstaunlich was die kleinen Kinderhände, die noch wenig Muskeln haben und deren Handwurzelknochen noch nicht vollständig ausgebildet sind, leisten. Sie üben und üben, bis sie erreichen, was sie können wollen. Fadime nimmt in jede Hand ein Stäbchen, verwendet sie wie eine Zange und zwickt ein gelbes dazwischen, lässt es fallen und versucht es von Neuem. David schiebt wie ein Croupier einen Muggelstein über die Tischfläche. Seine Freundin blinzelt durch zwei Stäbchen, die sie sich der Länge nach vor ihre Augen hält und schreit „Ich habe ein Fernrohr!" Rebecca hält sich rechts und links ein Holzstäbchen an den Kopf und juchzt „Schau, das sind meine Fühler!"

Als seien die letzten Sätze Stichworte für die zuschauenden Kinder gewesen, steigen sie freudig in das Tierverwandlungsspiel ein. Sie regen sich gegenseitig an, stacheln sich auf und lassen keine Pausen entstehen.

Davinia steckt je ein Stäbchen hinter ihre Ohren: „Ich habe so lange Ohren, schau doch!"; Domenica hält sich eines an die Nasenspitze: „Das ist meine lange, lange Nase!" Sophia setzt sich zwei auf den Kopf: „Und ich bin ein Hase!" Ein anderes Kind zeigt auf die Mitte seiner Stirn: „Ich bin ein Einhorn!", und nun mit zwei Stäbchen an den Schläfen: „Jetzt bin ich ein großer Stier!" David klemmt sich ein Stäbchen quer zwischen Oberlippe und Nase: „Ha, ha, ich habe einen Schnurrbart! Und jetzt einen langen Opa-Bart!", legt zwei Hölzer an das Kinn. Sophia tastet mit den Stäbchen ihr Gesicht ab, streichelt und betupft sich.

Plötzlich lassen die Kinder alles liegen und stehen, begeben sich auf den Boden, kichern, lachen, schnuppern, bellen, miauen, grunzen und durchqueren als Rudel den Raum. Auf dem Teppich entdecken sie mehrere Glasmurmeln. Sie spielen sich den runden Schatz gegenseitig zu und ein neues Spiel entsteht.

Die liegen gelassenen Cuisenaire-Stäbchen hatten ausgedient, sie wurden erst zur Aufräumzeit in ihre Schachtel eingeordnet. Welch ein Glück, die Kinder wurden zwischendurch nicht aufgefordert, aufzuräumen. Sie konnten in ihrem Spielfluss bleiben und jedem Impuls nachgehen. Ihr Spiel wurde weder durch Kritik, noch durch Lob oder andere Einmischungen gestört. So kann Kreativität entstehen.

Für die Hängematte gelten eigene Regeln

Es ist ein sehr begehrenswertes, beliebtes wunderbares Schaukel-, Trost- und Turnobjekt. Viel Kommunikation, Zuwendung und Berührung findet statt. Besonders am Morgen gibt es Gedränge um einen Platz in der Hängematte.

Die Hängematte, einer der beliebtesten Orte, wo Trost, Kommunikation und Sich-Einpendeln stattfindet. Die Kinder brauchen Vertrauen, Zeit und einen abgepolsterten Boden, um an ihren waghalsigen Balanceübungen Vergnügen zu haben.

Jedes Kind darf ca. fünf bis zehn Minuten schaukeln und sich einen Wunschpartner einladen. Früher durften auch Erwachsene oder mehrere Kinder gleichzeitig in die Hängematte. Da dies die Halterung nicht aushielt, wurde die Regel geändert.

Im Nu entsteht eine kleine Liste, auf der die Namen der Kinder stehen, die in die Hängematte wollen. Kein Kind muss in der Reihe stehen und warten. Jeder wird erinnert, wenn er dran ist. Manche Kinder können ihre Namen selbst lesen und wissen von sich aus, wieviel Zeit sie noch zum Spielen oder Essen haben. Sie haben Vertrauen, keiner fühlt sich benachteiligt.

Auch während der Mittagsruhe darf immer ein Kind in der Hängematte schlafen. Hier hilft ebenfalls eine Liste um Ungerechtigkeit zu vermeiden. Alle Kinder akzeptieren das und sind zufrieden.

Das Spielzeug ist für alle da!?

Antonia experimentiert schon seit 20 Minuten mit einem großen Holz-Kreisel. Er ist sehr schwer zu handhaben. Durch das äußere Geschehen lässt sich Antonia etwas ablenken, schiebt kleine Pausen ein, lässt den Kreisel aber nicht aus ihrer Hand. Zuschauer machen sie unsicher. Einige bieten ihre „Hilfe" an, weil sie die Schwierigkeiten dieses Kreisels kennen. Antonia verweigert die Hilfe, sie möchte ihren Weg allein finden.

Ein jüngeres Kind bedrängt Antonia, sie will den Kreisel haben und hat schon längere Zeit neugierig zugesehen. Sie versucht es mit freundlichen Worten und anschließend mit Quengeleien. Antonia sucht fragend meinen Blick und ich gebe ihr zu verstehen, dass sie weiter mit dem Kreisel spielen darf und ihn nicht abgeben muss. Ihr Gesicht zeigt Erleichterung. Sie lässt sich nicht mehr stören, experimentiert so lange, bis sie erreicht hat, was sie wollte.

Ist das Teilen ein Gebot, das man einhalten muss, oder soll es aus freiem Willen geschehen?

Wenn ich einen Apfel habe, der vom Mittagessen übrig ist und mehrere Kinder von ihm etwas haben wollen, teile ich ihn so, dass jeder etwas bekommt. Ich zeige klar, dass mir die Wünsche aller Kinder gleich wichtig sind. Das heißt nicht, dass die Kinder mit ihren Sachen auf die gleiche Weise umgehen. Sie teilen ihr Frühstück oder ihre Spielsachen mit ihrem besten Freund.

Wenn Gäste kommen und das Kind seine Spielsachen teilen soll, sollte es darauf vorbe-

Gleich fällt der Turm um. Aufregung, Spannung, Lust und Neugierde, all das strahlt Lena aus. Das Umfallen bringt keine Enttäuschung, sondern Entspannung, Spaß und Erfahrung mit dem Gleichgewicht. Zuschauen ist eine Möglichkeit des Miterlebens. Die beiden Jungen greifen helfend in das Geschehen ein. „Nichtstuer"?!

reitet werden, um sich langsam daran zu gewöhnen. Es bestehen oft Ängste, dass man die Spielsachen nicht mehr zurückbekommt oder sie schlecht behandelt werden.
Wenn das Kind keine Rechte hat und zum Teilen gezwungen wird, wird das eigentliche Ziel nicht erreicht: Das Kind wird zwar teilen, aber nicht aus den Beweggründen, die wir uns vorstellen, nämlich aus freiem Willen, aus Liebe und Mitgefühl für den Nächsten, sondern aus Angst, nicht brav zu sein, nicht zu gefallen, nicht geliebt und gelobt zu werden.

Wie die Eltern und Erzieher selbst mit dem Teilen umgehen, nimmt entscheidenden Einfluss, aber niemand ist in der Lage im Moment zu wissen, welche Schlüsse das Kind daraus zieht. Merkwürdigerweise verhalten sich manche Eltern am Spielplatz ganz entgegen dem, was sie von ihren Kindern erwarten: Sie hüten die Spielsachen und teilen ungern mit den fremden Kindern, die zufällig nichts dabei haben.

Es stimmt, dass im Kindergarten das Spielzeug für alle Kinder zur Verfügung steht. Aber es wäre ein Unding, wenn die Kinder es ständig teilen oder andere mitspielen lassen müssten. Das Miteinander-Umgehen und das Teilen oder Geben entsteht bestimmt nicht durch Zwang. Die Kinder sollten nicht kämpfen müssen, um einmal in Ruhe ganz alleine für sich spielen zu dürfen. Für manche Kinder ist es ein besonderes Vergnügen, über eine große Menge Material, z.B. Lego-Steine alleine zu verfügen. Am nächsten Tag wird abgewechselt.

Um einem evtl. Konflikt aus dem Weg zu gehen, hätte ich Antonia bitten können, den Kreisel dem jüngeren Kind abzugeben. Immerhin hatte sie schon lange genug den einzigen Kreisel dieser Art in ihrem Besitz! Wie hätte sich dies auf die „vernünftige" Antonia und auf ihre Experimentierlust ausgewirkt?

Kinder erstellen eigene Regeln

Armin legt sich quer auf die Matte und wird von seinem Freund Ibrahim vorsichtig mit Kissen und großen weichen Kuscheltieren zugedeckt. Nur sein Gesicht guckt unter dem Kissenberg hervor. Mit einem kräftigen Anlauf springt Ibrahim lustvoll über seinen Freund. Er springt weit und hoch und berührt die Kissen nicht. Nach dem gelungenen Sprung stellt er sich in Position, streckt die Arme, so weit er kann, nach oben und schreit überzeugt, aus tiefster Seele: „GEWONNEN!"

Im selben Augenblick schlüpft Armin aus dem Kissenberg, steht auf und Ibrahim legt sich bereitwillig an seine Stelle. Nun wird auch er mit den weichen Utensilien bedeckt. Armin beginnt ebenfalls mit einem gezielten Anlauf und springt gekonnt über Ibrahim. Wieder werden die Kissen nicht berührt, aber er landet absichtlich oder versehentlich auf seinem eigenen Bauch. Die Unterlage ist weich und es besteht keine Verletzungsgefahr. Armin richtet sich hastig auf und schmettert siegesbewusst: „GEWONNEN!"

Auf die Landung kommt es anscheinend nicht an, eher auf die Geschicklichkeit, das Hindernis, den Freund, hoch genug zu überspringen, um ihn nicht zu berühren, nicht zu verletzen. Aus dem Spielverlauf meine ich die Regeln zu erkennen, die sich die Kinder selbst gestellt haben:
- Jedes Kind darf nur einmal springen, dann erfolgt ohne Aufforderung der Wechsel.
- Das Kind, das auf der Matte liegt, wird fürsorglich mit weichen Gegenständen geschützt.
- Und jedes Kind schreit nur einmal, dafür um so ausdrucksvoller das magische Wort GEWONNEN!

Ihr lebendiges freudvolles Spiel erregt Aufmerksamkeit. Es versammeln sich ein paar Bewunderer. Nuhan beobachtet, stellt sich ungebeten, aber im richtigen Moment, hinter Ibrahim, der sich gerade auf einen neuen Sprung vorbereitet. Angespannt wartet Nuhan, bis er an der Reihe ist. Er springt, landet und endet mit dem Jubelgetöse GEWONNEN! Entspannung zeigt sich auf seinem Gesicht. Voller Begeisterung möchte er mit dem nächsten Sprung beginnen. Ibrahim hindert ihn und erklärt ihm unbeholfen, geduldig, der deutschen Sprache noch nicht mächtig, die Regel. Nuhan hat verstanden, dass er sich jetzt auf die Matte legen muss. Die passive Rolle, die viel Vertrauen verlangt, ist ihm sichtlich unangenehm. Trotzdem lässt er sich zögernd, sich ergebend darauf ein. Er weiß, dass ein Nichteinhalten der Regel die Konsequenz hätte, an diesem begehrten Spiel nicht mehr teilnehmen zu können. Die Aktivität der Kinder setzt sich ohne Unterbrechung fort.

Es ist bewundernswert, auf welche Weise die Kinder ihren Bewegungshunger stillen, welche Spielinhalte sie finden, um ihre erwünschte Geschicklichkeit zu üben und wo überall sie genüsslich ihr eigenes Können messen und erproben. Der lebensfrohe Freudenjuchzer „Gewonnen" war nicht zu überhören, steigerte die Lust am Spiel und den Lärmpegel im Raum. Es braucht Nerven, Verständnis und ein wohlwollendes Hinsehen, um solche Spiele zuzulassen. Ansonsten könnte man das Getümmel als unruhestiftendes Getobe beurteilen oder gar verachten. Das wäre schade, denn in dieser gemeinsam organisierten Aktivität ist noch viel mehr zu erkennen. Eindrucksvoll war die Balance zwischen Spannung und Entspannung. Besonders wohltuend war für mich die Lust und der Spaß an ihrem Tun, die Fürsorge und Verantwortung für das wehrlos auf der Matte liegende Kind. Vor jedem Sprung überzeugten sie sich, ob die Kissen schützend über dem Kind lagen. Nie sprangen sie über den Kopf des Kindes, sondern nur über den Po oder die Füße. Jedem Sprung ging ein mutiger Entschluss voraus, oft waren mehrere Anläufe nötig, um den Sprung durchzuführen.

Ich meine zu erkennen, dass der Springer nicht zufällig, sondern sehr gezielt auf der Matte landen wollte, mal auf dem Bauch, dem Rücken, den Schultern, den Händen, dem Po, den Füßen oder auf der seitlichen Körperhälfte. Je nach Absicht streckten die Kinder ihre Arme und Beine von sich weg oder zogen sie an sich heran. Wer sprungunsicher war, lief um das liegende Kind herum und warf sich mit Kraft auf die Matte oder ließ sich sanft fallen. So viel lustvolle Körpererfahrung!

Mit Sicherheit erfüllt den Erfinder dieses Spieles Genugtuung, wenn andere Kinder ihre Begeisterung für seine Idee zeigen und mit intensiver Ausdauer dabei bleiben. Die Zustimmung zu dieser turbulenten Aktivität seitens der Erzieherin erzeugt mehr Glück und Selbstvertrauen in den Kindern als jedes Lob oder Schulterklopfen.

Ich persönlich finde es sehr schade, wenn man die Kinder in ihren Bewegungsabläufen stört, sie eingreifend verhindert oder gar verbietet. Eigentlich ist es sogar unverantwortlich, weil man sie um eine ihrer Entwicklungsmöglichkeiten, ihre Intelligenz, bestimmte Fähigkeiten zu erlangen und um ihr Wohlbefinden bringt.

Wer das Wippen, Schaukeln, Springen, Zappeln, Tänzeln der Kinder nicht mehr ertragen kann, sollte ohne Vorwürfe in sich selbst hineinschauen und sich fragen, warum sich das Kind so verhält. Macht das Verhalten wirklich krank, ist es wirklich ungesund oder warum kann ich selbst nicht mehr hinsehen?

Mit den Augen einer Eutonie-Pädagogin

Wenn ein Mensch geboren wird, so tauscht er das Milieu der Schwerelosigkeit im Mutterschoß gegen das der Schwerkraft auf unserer Erde ein. Erinnern wir uns, wie es sich anfühlt, wenn wir nach einem Bad im Meer ans Ufer steigen. Wenn uns das Wasser nicht mehr trägt, spüren wir für einen Augenblick überdeutlich das Gewicht unseres Körpers und die Kraft, die wir für seine Aufrichtung benötigen. Hat sich die Balance zwischen Erdanziehung und Aufrichtungsbedürfnis in unserem Körper eingestellt, verblasst dieser Eindruck wieder.

Unser Nervensystem und mit ihm das gesamte komplexe System unseres Körpers hat gelernt, mit den physikalischen Gesetzmäßigkeiten der Erdanziehung zu leben. Wir orientieren uns ständig daran.

Was bedeutet das alles für ein Neugeborenes, das neun Monate in der Schwerelosigkeit verbracht hat, dessen Gehirn und Nervensystem noch nicht voll ausgebildet ist, das zum Teil weiche Knochen hat, dessen Überleben zunächst von Reflexen gesteuert wird und von der liebevollen Fürsorge eines anderen Menschen abhängt?

Es muss sich neu orientieren, denn die alten Erfahrungen gelten nicht mehr. Mit Hilfe seiner fünf Sinne, die etwa zum Zeitpunkt seiner Geburt – und teilweise bereits vorher – alle funktionstüchtig sind, nimmt es seine veränderten Lebensbedingungen wahr und damit beginnt ein Prozess, den Khalil Gibran „die Sehnsucht des Lebens nach sich selbst"³ genannt hat. Wenn wir ein gesundes Baby beobachten, so ist es unermüdlich in seinem Erforschen von sich selbst, seiner näheren und später weiteren Umgebung, mögen seine Bewegungen zunächst noch ungezielt und unkoordiniert wirken.

Das Nervensystem, dessen Wesen „Kommunikation" ist, bekommt auf diese Weise von Anfang an genügend Impulse von innen und außen und kann sich so entsprechend der genetischen Vorgaben weiterentwickeln.

Die Sinnhaftigkeit all dieser Aktivität bleibt uns jedoch oft verschlossen. Wir erkennen die Fortschritte des Kindes, honorieren das Sitzen, Krabbeln, Stehen und Gehen, hören mit Freude die ersten verständlichen Worte, feiern den Abschied von den Windeln etc. Doch den Weg dorthin, den unendlichen Fleiß im Ausprobieren, das ständige Spiel mit der Körperspannung, beachten wir kaum. Ich will es die „Arbeit des Kindes im Verborgenen" nennen.

Ein Beispiel: Damit das Kind irgendwann verständlich sprechen kann, muss es lernen, seinen Krafteinsatz in der Lautbildung zu differenzieren. Ob es schreit, babbelt, lacht, singt oder flüstert, immer gerät nicht nur die Muskulatur des Kehlkopfes sondern der gesamte Körper in eine jeweils andere Schwingung. So lange das Kind nicht sprechen kann, mögen seine Lautspielereien nervig und anstrengend für uns sein und doch sind sie die notwendige Voraussetzung für seine Sprachentwicklung.

Machen wir einen Sprung zu den Kindergartenkindern aus dem Spiel „Gewonnen". Wenn wir verstehen wollen, was ihr Spiel bedeutet, müssen wir uns fragen, welche Entwicklungsschritte sie vor sich haben: Sie sollen eingeschult werden, schreiben, lesen und rechnen erlernen und irgendwann einen Beruf. Wenn es stimmt was Bertrand Russell sagt: „Nicht nur Geometrie und Physik, auch die gesamte Vorstellung von dem, was außerhalb von uns existiert, beruht auf dem Tastsinn", dann ist „Gewonnen" ein „Frühförderungsprogramm für die Mathematik": Da ist das sanfte und fürsorgliche Zudecken des Freundes, die Stimulation der Haut beim Zugedecktwerden, beim Herausschlüpfen aus dem Kissenberg wie auch beim Landen auf der Matratze nach dem Sprung. Die Kinder erleben auf immer neue Art ihre Körpergrenze, das heißt, „wo fange ich an, wo höre ich auf, ich ein Raum im Raum". Beim Erspüren der Entfernung, die mit dem Sprung überwunden werden soll, ist der Tastsinn auf eine andere Weise gefragt: Ibrahim muss in den Raum hinaus spüren können, über den Freund unter dem Kissenberg hinweg. Sein Empfinden für die Entfernung bestimmt das Tempo des Anlaufs und die Stärke seines Absprungs vom Boden. Eine umfassende Koordinationsleistung geschieht

---

[3] Khalil Gibran: Der Prophet, Düsseldorf 1995.

in seinem Nervensystem. Wieder begegnet uns das Thema „Raum im Raum" (eigener Körperraum in Bewegung durch den Raum). Den Vierjährigen interessiert der geometrisch-theoretische Aspekt seines Spiels noch nicht, doch später wird ihm sein heutiges Tun helfen, räumliche Zusammenhänge im besten Sinne des Wortes zu verstehen. Was Ibrahim und seine Freunde üben, findet seinen praktischen Niederschlag im Leben der Erwachsenen beim Fahren eines Autos. Wir können nur Auto fahren, wenn wir ein Gespür entwickeln für die Außenmaße unseres Fahrzeuges

Kinder haben einen großen Bewegungsdrang. Wenn wir dem Leben und seinem Streben nach Entwicklung trauen, muss dies einen Sinn haben. Nach meinem jetzigen Verständnis bekommt das Nervensystem dabei die Anregungen und Herausforderungen die es – und damit der ganze Mensch – für seine bestmögliche Entfaltung braucht.

Elke Tanner [4]

---

[4] Elke Tanner ist Diplom-Eutoniepädagogin und -therapeutin mit eigener Praxis in München.

Gleiches Recht für alle

In einem Schuhladen betrachtet ein Vater die Schuhe. Er nimmt verschiedene Stiefel in die Hand, sieht nach dem Preis, hält sie von sich weg, riecht an ihnen, überlegt, wiegt und wägt ab. Sein fünfjähriger Sohn steht neben ihm und versucht, sich ähnlich wie der Vater zu verhalten. „Nicht anfassen!" tönt es freundlich und sehr bestimmt.
Ich bin gespannt, wie der Sohn auf den höflichen „Befehl" seines Vaters reagiert, denn er wirkt nicht ängstlich oder eingeschüchtert.
Das Kind, vorsichtig fragend: „Du hast auch die Schuhe angefasst!"
Vater: „Ja, das ist ganz etwas anderes, ich darf das." Er beugt sich zu seinem Kind herab und nun mit überzeugendem, leicht bedrohlichem Ton: „Das verstehst du doch, ich darf es, oder?"
Das Kind nickt.
Vater, verständnisvoll und erleichtert: „So ist es gut, siehst du!"
Der Vater richtet sich wieder auf, um nach den Schuhen zu sehen, der Sohn bleibt „brav" neben ihm stehen.

Wenn Nachahmen kritisiert wird

Ich sehe ein, dass es höchst aufregend ist, wenn ein Kind alle Schuhe aus dem Regal räumt und man ständig auf der Hut sein müss-

te, aber in diesem Fall hat der Sohn nur das Gleiche getan wie sein Vorbild, der Vater. So eine Situation ist alltäglich, auch die nachfolgende Beobachtung zeigt das.

Ich besuche den Kindergarten, es ist Winter, eine Kollegin betritt das Zimmer, bleibt mit ihren nassen Stiefeln einen Moment stehen, um etwas mitzuteilen. Es entsteht eine kleine Pfütze. Ich lasse zwei Papierhandtücher auf den nassen Boden fallen und stelle einen Fuß darauf, damit die Feuchtigkeit schneller aufgesaugt wird. Mein Enkelkind Isabella, 1½ Jahre, hat ein feuchtes hellblaues Tuch in der Hand und putzt leidenschaftlich alle für sie erreichbaren Flächen. Sie wirft ihren Lappen auf den Boden und stellt einen Fuß darauf. „Nein, nicht", rutscht es mir heraus, denn Isabella ist strumpfsockig und der blaue Lappen sehr nass. Ich denke an die nasse Strumpfhose, aber im selben Augenblick geht mir ein Licht auf. Isabella hat nur das gemacht, was ich tat. Sie schaute mich sehr erstaunt an und konnte das „Nein" nicht verstehen. Sie ließ drei Sätze der Erklärung wegen der nassen Füße usw. über sich ergehen und putzte mit Begeisterung die Tische weiter. Mir war mein freundlicher Ausbruch etwas peinlich. So schnell kann es gehen.

Sicher passiert es immer wieder, dass die Kinder für ihre Nachahmung, für ihr Gelerntes kritisiert werden. Solche Erlebnisse sollten Erzieherinnen hellhörig machen und zum genauen Beobachten des eigenen Verhaltens und das der Kinder herausfordern.

Anführer

In fast jeder Gruppe gibt es mindestens einen Anführer, der manchmal in mir zweifelhafte Gefühle aufkommen lässt. Zweifelhaft eigentlich nur dann, wenn die anderen Kinder ihre Rechte nicht wahrnehmen und sich „unterbuttern" lassen.

Im Gespräch mit Kolleginnen kommen verschiedene Ansichten zur Sprache. Manche ärgern sich, weil der Anführer anderen Kindern seine eigenen Ideen und Spiele aufdrängt, oder sie haben Bedenken, dass sich die Schwachen der Macht des Anführers nicht entziehen können. Teilweise sind Kolleginnen überzeugt, dass es ungerecht sei, wenn nur immer ein Kind, nämlich der Anführer, das Sagen hat, außerdem stört sie dieses Machtgehabe oder die Wichtigtuerei. Das Gefühl kenne ich auch. Machtgehabe und Wichtigtuerei zeigen meist nur die Kinder, die es nötig haben, die es brauchen, um gesehen zu werden, um Achtung und Beachtung zu erhalten. Zur Ungerechtigkeit, dass einer nur das Sagen hat, gehört das Gegenüber dazu, einer der sagt und einer der sich etwas sagen lässt! Wenn es einem als Erzieherin oder Eltern zu „bunt" wird, darf man auch etwas sagen. Wie sich das Gegenüber dabei verhält, wird sich zeigen.

In jeder Kindergruppe gibt es meist einen Anführer oder eine Anführerin. Für die Kinder, die sich seiner oder ihrer Macht nur schwer entziehen können, bietet der Kindergarten die Gelegenheit auch das „Nein"-Sagen zu üben. Unter dem Schutz der Erwachsenen können die Kinder den Mut entwickeln, eigene Rechte wahrzunehmen und auszuprobieren.

In Sophias Kindergartengruppe ist Domenica eines der Kinder, das es versteht, viele Kinder faszinieren zu können, und sie in ihrem Bann zu halten. Sehr bestimmt, aber ganz ohne Gewalt organisiert sie vielfältige Spiele, die bis zu einer Stunde andauern. Sie lässt sich auf Kompromisse ein, um das Abspringen mancher Mitspieler zu verhindern. Also bedeutet Anführerin zu sein, in den meisten Fällen Macht und das Sagen zu haben, sich durchzusetzen, aber auch, auf andere einzugehen, sich mit ihnen zu organisieren und ständig neue interessante Spielideen zu erfinden. Domenica hat viele Ideen und verwendet einige Energie, um ihre Anhänger zu betören und zu entzücken. Sie hat die Gabe zu führen und probiert sie gerne aus. Es gibt auch Tage, wo ihr trotz Anstrengung kein Kind folgt, jemand anders die Anführerrolle übernimmt und sie im Abseits steht. Sicher ist das für sie nicht leicht zu ertragen, aber es gibt ihr auch die Chance, das Geschehen von einer anderen Perspektive aus zu betrachten, wobei sie ganz bestimmte Erfahrungen machen kann. Sie hat auch die Wahl, sich als Mitspielerin einzuordnen oder eben nicht.

Die Sorge um die Kinder, die sich dem Anführer ausgeliefert fühlen, sich deren Anweisungen nicht erwehren können, hat seine Berechtigung. Um so wichtiger finde ich das Beobachten der Kinder, um solche bedrängenden Zustände zu durchblicken und sich je nach Situation einzumischen. Für mich war dies jedesmal die Gelegenheit, dem unterlegenen Kind sein Recht „Nein" sagen zu dürfen, nicht mitspielen zu müssen, klar zu machen. Genau für die Kinder, die sich der Kraft des Anführers nicht entziehen können, ergeben sich in diesem Zusammenhang wertvolle Erfahrungen. Sie erleben Macht und Ohnmacht, Abhängigkeit und Widerstand, aufkommende Wut oder vielleicht auch Resignation, aber sie sind nicht alleine, sondern stehen unter dem Schutz der anwesenden erwachsenen Person, mit deren Hilfe sie rechnen können. Wenn Kinder von diesem Schutz wissen, entwickeln sie Mut, ihre Rechte wahrzunehmen und sie auszuprobieren.

Fast alle Kinder haben den Raum verlassen, nur ein paar Stubenhocker genießen die Hängematte und erfinden neue Bewegungsspiele. Isabella stolpert, fällt und kugelt auf ihren Hinterkopf. Sie erschrickt, verzieht ein wenig ihre Mundwinkel, weint nicht, will auch nicht meinen Trost. Domenica hat den „Fall" beobachtet, verschwindet wortlos aus dem Zimmer und kehrt nach einer Minute mit einem eingewickelten Eisbeutel zurück. Normalerweise kommt solche Hilfe von den Erwachsenen, aber diesmal war Domenica schneller. Sie fragt Isabella, wo sie sich wehgetan hätte. Isabella zeigt auf den Hinterkopf und sagt, da ist die Beule. Behutsam und wie ein Profi hält Domenica den Eisbeutel an die gezeigte Stelle, gleichzeitig sucht sie Isabellas Blicke und fragt nach, ob alles so richtig sei. Isabella nickt zufrieden und lässt sich die Fürsorge des großen Mädchens gerne gefallen. Sie wünscht sich den Eisbeutel auch auf ihrer Hand und Domenica erfüllt bereitwillig ihre Bitte.

Die Hilfe geschieht selbstverständlich und ausgesprochen liebevoll, so wie die Kinder es von den Erwachsenen erfahren. Bei der Verarztung erklärt mir Domenica, dass sie einmal Baby-Sitterin werden möchte, weil das so ein schöner Beruf sei. Als Isabellas Behandlung abgeschlossen ist, verlässt Domenica wieder den Gruppenraum, sie wird verfolgt, denn Isabella will wissen, wo das Eis her- bzw. hinkommt. Domenica nimmt sie bei der Hand, führt sie in die Küche und zeigt ihr, dass man das Eis in das Gefrierfach legt.

Spielen – Das heilige Abenteuer zulassen!

Eltern, Erzieher, Pädagogen wissen, dass das Spiel zum „Kind-Sein" dazugehört. Ich meine nicht die Spiele, bei denen man gewinnen und verlieren kann, wo man sich beschäftigt, damit man nicht auf „dumme" Gedanken kommt, die Zeit vertreibt und angeblich etwas lernt. Diese Spiele werden von den meisten Menschen anerkannt, befürwortet, gefördert und als etwas Sinnvolles gesehen. Für mich sind sie nur eine Notlösung. Aber wer sie liebt und wem sie etwas bedeuten, soll sich auf sie einlassen. Durch diese Spiele findet auch Kommunikation statt, die sonst vielleicht nicht zustande käme.

Ich meine das „Spiel", das aus sich selbst, um des Spieles willen, entsteht, wo man die Welt entdeckt, tiefe Gefühle spürt, wo man sich mit sich selbst auseinandersetzt, neue Wege findet, experimentiert, wo das Herz höher schlägt und vor allem, wo die Echtheit, das Eigene, die Lust, das Leben erscheint.

Beinahe erscheint die Bezeichnung „Spiel" als missverständlich, es geht um die Möglichkeit in der Welt zu „sein" und die Welt und sich in Gemeinschaft mit anderen zu erleben. Diese Art „Spiel" hat für manche Menschen etwas Fragwürdiges und man gesteht es oft nur aus entwicklungspsychologischen Gründen den Kindern zu.

Kennen Sie solche Aussagen?

- *Du sollst nicht immer nur spielen.*
- *Was spielst du denn da schon wieder?*
- *Das ist doch nur eine Spielerei!*
- *Kannst du nicht etwas anderes spielen?*
- *Du nervst mich mit deiner Spielerei.*
- *Spiele endlich etwas Gescheites.*
- *Spiel nicht, tu etwas.*
- *Vertrödle nicht deine Zeit mit dieser Spielerei.*
- *Komm, jetzt spiel schön.*
- *Musst du immer spielen, kannst du dich nicht anständig beschäftigen?!*
- *Man kann im Leben nicht immer nur spielen.*
- *Kannst du nicht etwas Ordentliches spielen?*
- *Muss es immer so aussehen, wenn du spielst?*
- *In so einer Unordnung kann man doch gar nicht spielen.*
- *Warum machst du dich beim Spielen immer so schmutzig.*
- *Denke gefälligst auch an das Aufräumen, wenn du spielst.*
- *Du hast diese Unordnung gemacht. Du musst das auch wieder aufräumen.*
- *Es ist dein Spiel, dann sorge auch du für Ordnung.*
- *Ich habe dich gewarnt, du sollst nicht so viel ausräumen.*
- *So ein Chaos, das kann ja heiter werden.*

Diese ernst gemeinten „Sprüche" geben dem Wert „Spiel" etwas Überflüssiges, Beschränktes, Unzufriedenes, Ärgerliches.

Traut man sich als Erwachsener noch, etwas angeblich „Sinnloses" zu tun, oder haben Sie die negative Bewertung des Spielens vielleicht schon verinnerlicht? Meldet sich das schlechte Gewissen, wenn man ausschlafen darf, die Zeit nach eigenen Bedürfnissen einteilt oder gar nicht einteilt, mit Worten spielt, Gedichte und Geschichten schreibt, die nie veröffentlicht werden, malt, experimentiert, vor der Glotze hockt, womöglich sich mit Video- oder Computerspielen einlässt und die Zeit unbemerkt „nutzlos" davonfliegt. Ist es möglich, spazieren zu gehen, zu wandern, um des Wanderns willen, zu schwimmen, um des Schwimmens willen, zu tanzen, zu springen, zu singen, zu malen, zu schreiben, „nur" um der Lust willen, weil man Lust dazu hat, ohne den „vernünftigen" Hintergedanken im Blick zu haben, dass es gesund sei?
Ja, natürlich! Für einige, für die, die sich auf den Prozess der Umwandlung, des Findens eingelassen haben. Leicht ist es allerdings nicht, vor allem, wenn Menschen ihr Leben lang nur für andere da waren, mit Leidenschaft für sie gesorgt haben, sich selbst nicht wahrgenommen haben, d.h. sich nur auf *diese* Weise, für *andere* da zu sein, wahrgenommen, erlebt haben. Wenn alle Aufgaben erledigt sind, man selbst nicht mehr aus Energie-, Krankheits- oder Altersgründen für *andere* da sein kann, erscheint das Leben vielleicht nutzlos, sinnlos und es ist kein Wunder, wenn man der Zeit nachtrauert, in der man gebraucht und auch verbraucht wurde.

Das Loslassen, aus der alten Haut schlüpfen, die einem angenehm, oder unangenehm, dafür bekannt, gewohnt, vertraut war, ist eine große Verwandlung. Pablo Picasso sagt es deutlich, zeigt eine Möglichkeit:

„Ich suche nicht, ich finde! Suchen, das ist Ausgehen von alten Beständen in ein Findenwollen von bereits Bekanntem im Neuen. Finden, das ist das völlig Neue auch in der Bewegung. Alle Wege sind offen, und was gefunden wird, ist unbekannt. Es ist ein Wagnis, ein heiliges Abenteuer. Die Ungewissheit solcher Wagnisse können eigentlich nur jene auf sich nehmen, die im Ungeborgenen sich geborgen wissen. Die in die Ungewissheit, in die Führerlosigkeit geführt werden, die sich im Dunkeln einem unsichtbaren Stern überlassen, die sich vom Ziele ziehen lassen und nicht – menschlich beschränkt und eingeengt – das Ziel bestimmen. Dieses Offensein für jede neue Erkenntnis, für jedes neue Erlebnis im Außen und Innen: Das ist das Wesenhafte des modernen Menschen, der in aller Angst des Loslassens doch die Gnade des Gehaltenseins im Offenwerden neuer Möglichkeiten erfährt."

Gefühle

Was mich bewegt, geht mich an!

Am frühen Abend bin ich als Babysitter für meine Enkeltöchter gefragt. Es ist noch Zeit zum Spielen, bevor sie von mir ins Bett gebracht werden. Schon während des Verabschiedens ihrer Eltern vergnügen sich die Mädchen im Wohnzimmer. Isabella will auf meinen Arm, Sophia schmückt sich mit Tüchern und Ketten und tänzelt amüsiert durch den Raum. Beide strahlen Unbeschwertheit und Zufriedenheit aus.

Sophia liebt ihre kleine Schwester sehr, dennoch ist ihre Eifersucht nicht zu übersehen. Ich verstehe ihre Gefühle, kann aber ihre traurigen Augen oder aufmüpfigen Ausbrüche schwer ertragen. Um wehmütigen Reibereien und Streitigkeiten aus dem Wege zu gehen, nahm ich bis jetzt zum Leidwesen der Eltern nur ein Kind in meine Obhut. Natürlich wusste ich, dass beide Kinder zusammengehören, sich aneinander gewöhnen und mit ihrer Eifersucht fertig werden sollten.

Sophia kommt nun auch auf meinen Schoß, geschickt versucht sie, Isabella abzudrängen. Ich lasse es nicht zu, sondern beginne, beide mit Fingerspielen und Gesängen zu begeistern. Es dauert nicht lange, Sophia befreit sich aus meiner Umarmung und breitet sich auf dem Schaffell, das neben mir auf dem Boden liegt, aus. Sie organisiert sich ein Kopfkissen aus dem Puppenwagen, ihren Schnuller, das Schmusetier, ein Seidentuch und macht es sich gemütlich. Es klappt! Isabella schlängelt sich von meinem Knie auf das Fell und will sich neben Sophia kuscheln. Sophia energisch: „Geh weg!". Es folgt eine abweisende Handbewegung. Isabella scheint hilflos, schaut mich erwartungsvoll an. Ich reagiere nicht, gebe mir noch ein paar Sekunden Zeit. Wer braucht hier Hilfe? Sophia, die bedrängt wird, oder Isabella, die leidet, weil sie von ihrer Schwester abgewiesen wird? Beide brauchen Hilfe! Ich entscheide mich aber, noch auf die Fähigkeit der Kinder zu hoffen, selbst einen Weg zu finden.

Isabella wagt noch einen Versuch, legt sich vertraulich neben Sophia und strahlt hoffnungsvoll. Zwar vorsichtig und doch erbarmungslos wird sie mit den Füßen weggestrampelt. Isabellas Mund formt sich fast quadratisch, ihre Nasenlöcher weiten sich, lautes, kräftiges, schrilles Protestgeschrei ertönt, sofort folgen dicke Tränen. Es geht mir durch Mark und Bein, tröstend nehme ich sie in meine Arme. Die Augen glänzen, das

Geschrei verstummt. Sophia bleibt abwartend auf dem Fell liegen. Ich möchte wissen, wie es weiter gehen soll und frage, ob Isabella auch auf das Fell darf. Bestimmend und ein wenig trotzig: „Nein, ich will sie nicht haben!" Isabella ist Aug und Ohr, hat meinen Vermittlungsversuch wahrgenommen und beginnt von Neuem, ihre Enttäuschung zu zeigen. Dieses Mal mit nach unten gezogenen Mundwinkeln und jämmerlichem Weinen. Sophia zeigt sich „verstockt" und beleidigt, keine Bereitschaft, die Schwester anzunehmen und es hat den Anschein, dass sie nichts mehr von mir und Isabella wissen möchte.

Die Eifersucht sitzt tief. Zwei Jahre hatte sie die Eltern und Großmütter für sich alleine. Wie sollte sie das süße Baby, das alle Aufmerksamkeit auf sich lenkt, unbesorgt annehmen? Es rumort in ihr und ihre Verstocktheit hat mit Hilflosigkeit und Verletzbarkeit zu tun. Konflikte im Kindergarten haben hier oft ihren Ursprung.

Ich bin etwas hilflos, halte die Spannung und das Gejammere nicht mehr aus, verlasse langsam das Zimmer und steige in Zeitlupe die ersten Treppenstufen hinauf. Hinter mir spüre ich Sophia und als ich mich umdrehe, blicken mich tieftraurige Augen an und ich vernehme eine zaghafte Stimme: „Ich will nicht alleine bleiben, ich will bei euch sein." Sprachlos und erleichtert greife ich nach ihrer Hand, nehme sie im Wohnzimmer auf meinen Schoß. Ich drücke sie an mich und wir lächeln uns liebevoll an. Als sei nichts gewesen, spielen die beide Mädchen entspannt, vergnügt und übermütig.

Ich habe Zeit, um nachzudenken was geschehen ist und warum mich solche Erlebnisse so sehr bewegen. Zwar bin ich als einziges Mädchen, aber mit vier Brüdern aufgewachsen. Ich erinnere mich an das Gefühl des Nichtanerkanntwerdens durch meine großen Brüder und an die Eifersucht auf die jüngeren Brüder. Der Kampf um die Liebe und Zuwendung meiner Mutter saß tief. Auch im Kindergarten rührten mich die Probleme der Kinder besonders an, die mit mir und meiner Kindheit zu tun hatten.

Verständnis für das Lebensgefühl der Kinder

Manchmal führt eine kleine Bemerkung der Mutter zum besseren Verständnis des Kindes. Sophia, 3 ½ Jahre, ist ein wenig erkältet, freut sich trotzdem auf den Kindergarten. Ihre Mutter berichtet, dass sie schlecht geschlafen hat und in Sorge war, ob sie noch rechtzeitig in den Kindergarten käme.

Sophia wird von ihrer Freundin Rebecca herzlich empfangen, verweigert sich der Freundin aber in zarter, schüchterner Weise,

Die Art und Weise, wie Erzieherinnen und Eltern mit den Gefühlen der Kinder umgehen, wird von den Kleinen übernommen. Im Miteinander können sie lernen, mit Trauer, Schmerz, Wut oder Eifersucht umzugehen, die Gefühle anderer und die eigenen Gefühle anzunehmen und zuzulassen. Mit der Zeit entwickeln die Kinder auch Gespür dafür, wann Nähe dem Gegenüber Trost spenden kann.

zieht den Schoß der Erzieherin vor. Dort verweilt sie geborgen und beobachtet die Gruppe, in der Rebecca mitspielt und den Tisch, an dem eine Praktikantin sitzt, die mit den Kindern Körbchen faltet und diese nach Lust und Laune und eigenem Geschmack mit den Restbeständen begehrenswerter Glitzerpapiere bekleben lässt.

Sophia wünscht sich, dass die vertraute Erzieherin mit ihr Körbchen faltet. Sie wird von ihr an den Tisch begleitet, wo sie liebevoll aufgenommen wird. Das reizvolle Material steht zur Verfügung, die Praktikantin hilft nur da, wo sie gefragt wird. Freudig, begeistert hantiert Sophia mit Papier, Kleber und Schere. Ohne gegängelt zu werden bleibt sie mit Lust

und Freude bei der Sache, die sie begonnen hat.
Doch gehört ihre Aufmerksamkeit auch Rebecca. Die beiden Freundinnen haben sich nicht aus den Augen gelassen. Sie tauschen freundliche, offene Blicke aus. Kein Misstrauen und Aufdrängen liegt in ihnen, sondern ein Abwarten, Verstehen, innige Einfühlsamkeit, wann der rechte Zeitpunkt ist, um sich wieder körperlich näher zu sein. Sensible Verständigung ohne Worte! Wie innerlich abgesprochen treffen sich die beiden am Brotzeittisch und essen zusammen. Anschließend begeben sie sich in die Hängematte, schaukeln – heiter, leicht, froh, sich zulächelnd, vereint, gekräftigt! Da kann man Vertrauen sammeln!

Sophia hat es gut. Durch die Kurzinformation ihrer Mutter, dass ihre Tochter eine kleine Erkältung hat, kann die Erzieherin besonders auf ihr Verhalten eingehen. Obwohl der Erzieherin auffällt, dass Sophias Aufmerksamkeit einerseits der Freundin Rebecca, andererseits dem Bastel-Geschehen gilt, darf sie weiter auf dem Schoß sitzen und wird nicht zu einer Entscheidung gedrängt. Erst als Sophia den Wunsch selbst ausspricht, wird sie von der Erzieherin fürsorglich an das gewünschte Ziel gebracht. Die innere Überzeugung und die Art und Weise, wie die Erzieherin mit der Sensibilität und Schüchternheit der Kinder umgeht, wird von den anderen Kindern übernommen.

Zum Glück verhelfen

Als Sophia 2 $\frac{1}{2}$ Jahre war, besuchte ich zu ihrem und meinem großen Vergnügen und mit dem Einverständnis der Kolleginnen meine „alte" Kindergartengruppe, in der meine Enkeltochter ist.
Damals verehrte Sophia Marco und Simon, beide 6 Jahre alt. Wenn Marco sie hier und da in seine Arme nahm, ließ sie dies gerne zu. Simon kümmerte sich mehr um gleichaltrige Spielkameraden, nahm dennoch Sophias schüchterne Verehrung wahr und begegnete ihr mit Freundlichkeit und schmunzelnden Blicken.

Sophia übernachtete bei mir. Sie wünschte sich, dass die von mir gesungenen Gutenachtlieder den Namen Simon beinhalten sollten. Morgens fragte ich, wie es ihr ginge und ob sie geträumt hätte. Strahlend erzählte sie von Simon und dass sie jetzt in den Kindergarten gehen möchte. Auf der Fahrt zum Kindergarten zählte sie alle Namen der Kinder, die ihr bekannt waren, auf. Wie ein Refrain wiederholte sich der Name Simon.
Den Gruppenraum betretend, tasteten Sophias Blicke die spielenden Kinder ab. Anstatt ihr

Zeit zu lassen, ihr die eigene Initiative zu überlassen, glaubte ich, ihre Sehnsüchte erfüllen zu müssen. Ich nahm sie beschützend an die Hand und brachte sie mit den Worten: „Schau da ist Simon!" zu ihm. Er lächelt ihr verlegen zu, Sophia hält sich an meinem Bein fest und wendet sich von ihm ab. Simon neigt seinen Kopf fragend zur Seite, zieht seine Schultern hoch, seine Handbewegung befragt mich: „Was soll ich tun?" Meine Antwort besteht nur aus suchenden Blicken und Gesten, Simon kehrt darauf zu seinem Spiel zurück.

Ich nehme, mit Sophia auf dem Arm, in einiger Entfernung Platz. Erst später sendet sie verstohlene Signale aus, aber sie wünscht keinerlei Berührung. Im Stuhlkreis wird sie von Simon aufgefordert, mit ihm zu tanzen, sie lehnt unmissverständlich ab. Kinder und Kolleginnen akzeptieren ihr Verhalten, belächeln es nicht, es fallen keinerlei verletzende Kommentare. Ich bin erleichtert. Meine „Hilfe zum Glück" war gut gemeint, aber zu voreilig und in diesem Falle auch zu eigenmächtig. Mir war klar geworden, dass die zarten Liebesgefühle der Kinder, egal welchen Alters, ernst genommen werden müssen, Behutsamkeit und Achtung verlangen.

Seit dieser Erfahrung gehe ich etwas zartsinniger mit meinen gutgemeinten Hilfsangeboten um.

Gefühle ernst nehmen

Sophia, 3 ½ Jahre, baut aus Duplo-Lego mühevoll und mit hoher Konzentration ein fantasievolles Gebilde. Sie ist stolz und begeistert von dem gelungenen Werk, will es weder mir – ich bin zu Besuch da – noch der Erzieherin, noch ihren Freundinnen vorführen, sondern Silvio, einem großen Jungen, den sie momentan sehr verehrt.

Behutsam trägt sie das Zusammengesetzte in die Gegend, wo sich Silvio aufhält. Dabei muss sie mehrere Hindernisse überwinden, um einen Stuhl herumgehen, über liegengelassene Spielsachen steigen, sich an Kindern, die auf dem Boden spielen, vorbeischlängeln, bis sie endlich den Tisch erreicht, wo Silvio mit anderen Kindern Memory spielt. Er ist in das Spiel vertieft und bemerkt die Verehrung nicht. Sophia lächelt ihn nur einen kurzen Augenblick an und sieht sofort wieder in eine andere Richtung, als könnte sie seinen möglichen Blick nicht aushalten.

Eher nach innen gerichtet steht sie da, wartet zögernd, ob sie und ihr Gebilde bemerkt werden. Ein Teil ihres Gebauten fällt auseinander. Mit viel Mühe und Geduld steckt sie die Teile wieder zusammen, startet eine neue Runde, um endlich gesehen zu werden. Es klappt nicht. Ich weiß, dass Silvio Sophia verehrt und sie gern hat. Ein vorsichtiger, zarter Vermittlungsversuch meinerseits würde Sophias Sehnsüchte erfüllen. Ich halte mich zurück, denn schon einmal wollte ich ihr zu „ihrem Glück" verhelfen und war anschließend über meine Einmischung sehr zwiespältig berührt. Auch wenn sich jetzt mein „Helferdrang" wieder meldete, lasse ich mich nicht von ihm verführen, sondern lasse innerlich teilnehmend zu, was sich ereignen wird.

Sophia bringt ihr Bauwerk, das sich mehr und mehr auflöst, zur Kommode zurück und lässt alle Teile dort liegen. Ohne „Zubehör" macht sie sich auf den Weg zu Silvio.

Würde man nicht beobachten, nichts von Sophias bemühter Werbung mitbekommen, sondern nur das Auge auf das „zufällig" unordentlich zurückgelassene Spielzeug richten, wäre es für manchen auch selbstverständlich, das Kind zum Aufräumen aufzufordern!

Sophia kann ohne Unterbrechung ihrem Herzen folgen, sich in der Nähe von Silvio aufhalten, sich ihm widmen. Verstecken und sich zeigen, sich verbergen und sich bekennen, so lässt sie erscheinen, was sie bewegt. Silvio erfährt nichts von seinem Glück, von der sanftmütigen, schüchternen Umwerbung. Es dauert nicht lange und Sophia dreht sich um, trifft sich mit anderen Kindern und spielt mit ihnen. Sie wirkt weder unglücklich noch traurig, eher entschlossen, wieder an sich zu denken.

Während des Mittagessens sitzt Sophia bei Silvio, er freut sich darüber, hat sie wieder entdeckt. Bis Jahresende gab es stets eine sehr sensible Beziehung zwischen Sophia und Silvio. Jetzt ist er in der Schule und Sophia hat neue Freunde, doch erhellt sich ihr Blick, wenn sie von Silvio hört.

Was Kinder verletzt: abwertende Bemerkungen

■ Der fünfjährige Marco schleppt etwas umständlich einen Stuhl zum Brotzeit-Tisch. Die aushilfsweise arbeitende Erzieherin sieht zu und bemerkt leicht spöttisch: „Was soll denn das werden, wenn es fertig ist?"
Marco ist von uns eine andere Sprache gewöhnt und fühlt sich – Gott sei Dank – gar nicht angesprochen, hat nicht verstanden, was sie gemeint hat. Er räumt unbeirrt seinen Stuhl an den gewünschten Platz.

Diese Äußerung war keine Hilfe für das Kind, sondern eine Geringschätzung seiner Handlung.

- Auf der Insel Amrum ziehen Erwachsene mit Strandutensilien und Kleinkindern und voll beladenen Bollerwagen zum Strand. Ein Junge möchte es dem Vater gleichtun, nämlich den Wagen mit einer Hand ziehen. Es gelingt ihm nicht beim ersten Versuch. Der Vater schimpft ungeduldig: „Geh weg, ich habe es gesagt, du kannst das nicht, lass das, du bist zu klein!"

Das Kind strebt aus eigenem Antrieb dem Vorbild, der Tätigkeit seines Vaters nach. Wie viele entmutigende Äußerungen braucht es wohl, um Zweifel an der eigenen Befähigung und Geschicklichkeit aufkommen zu lassen? Dies wollte der Vater sicher nicht. Vertrauenslosigkeit und eigene Nervosität bringen unbedachte Worte über die Lippen.

- Sabrina, 5 Jahre, möchte mit den Magnetkugeln spielen. Sie startet mehrere Versuche, den Deckel der Dose zu öffnen, aber es gelingt ihr nicht. Sie wendet sich an die Erzieherin, die den Vorgang beobachtet hat. Sie hilft, die Dose zu öffnen und bestätigt Sabrina: „Die Dose geht wirklich schwer auf."

Sabrina weiß aus Erfahrung, dass sie von der Erzieherin keine abwertenden Bemerkungen zu befürchten hat. Das ist sicher ein Grund, dass sie bedenkenlos um Hilfe bitten kann. Auch ich würde nur dort um Hilfe bitten, wo mir trotz meines Nichtkönnens Achtung und Wertschätzung meiner Person begegnet, keinesfalls da, wo mir durch gönnerhaftes Getue das Gefühl der Minderwertigkeit vermittelt wird.

Dankbarkeit oder Übertreibung?

Vor vielen Jahren fuhr ich mit Kolleginnen nach Wien, um dort an einer Fortbildung teilzunehmen. Wir sollten in der naheliegenden Jugendherberge untergebracht werden. Dort war zu unserer Überraschung zu wenig Platz und die Umstände etwas unglücklich.
Wir wandten uns an ein nahegelegenes Kloster und fragten die Schwester Oberin, ob sie uns unterbringen könnte. Sie hatte Verständnis für unsere Situation, aber trotzdem kein Zimmer frei. Meine Verzweiflung war nicht zu übersehen. Schwester Oberin überlegte hin und her, suchte nach Lösungen, sprang über ihre sämtlichen Schatten. Fast flüsternd und in liebenswerter Verlegenheit teilte sie uns mit, dass auf der Ebene, wo die Männer schlafen, eigentlich noch Zimmer frei wären, dort aber keine Frauen untergebracht werden dürften.

Gerade als ich ansetzte, ein Versprechen über meine Verlässlichkeit zu geben, nickte sie mir einverständlich zu. Ohne nachzudenken, wen ich vor mir hatte, umarmte ich die Schwester Oberin stürmisch, dankbar und herzlich. Zu viel der „Spontaneität"? Sie ging einen Schritt rückwärts! Obwohl ich meine Dankbarkeit und Erleichterung nicht formgemäß ausdrückte, verzieh mir die Schwester mit einem erst zögernden, dann sich aufhellenden, zustimmenden Lächeln und einem einverstandenen Händedruck.

Sie erkannte, dass meine Reaktion spontan und aus der Tiefe meines Herzens kam. Es wäre mir sehr peinlich gewesen, wenn die Oberin mit Pikiertheit und Entrüstung reagiert hätte.

Nachträglich war ich über meine stürmische Dankbarkeit ohnehin verlegen.

Kinder und auch mancher Erwachsene, können vor Freude und Glück nicht nur lächeln, eine dankbare Umarmung schenken, sondern laut juchzen, johlen, quietschen, tanzen, toben oder weinen.

Manche Personen lieben temperamentvolle Menschen, fühlen sich von ihnen angezogen und bewundern sie, andere dagegen empfinden sie als hemmungslos, theatralisch und übertrieben. Durch die „dämpfenden" Reaktionen anderer Menschen verändern sich die Gefühlsäußerungen der Kinder. Später ist es enttäuschend, wenn am Geburtstag oder an Weihnachten die Augen nicht mehr strahlen, kein Freudengeschrei mehr über die Lippen tönt, sondern nur eine förmliche Umarmung oder ein „vertraglicher", höflicher Kuss ausgetauscht wird. Dann spricht man von armen Menschen, die sich über gar nichts mehr freuen können, die keine echten Gefühle zeigen.

Um Beachtung eifersüchtig ringen müssen

Beim Einkaufen beobachtet: Eine Mutter schiebt den Buggy, in dem ein kleines 1½ jähriges fröhliches Mädchen sitzt. Die Großmutter und das etwa drei Jahre alte Geschwisterchen umrahmen die beiden. Das „Kleine" wird mit Lächeln und Liebesworten unterhalten. Das „große" Kind wirkt unzufrieden, traurig und hat einen schleppenden Gang. Es stolpert und fällt hin. Endlich! Aus der Sicht der Erwachsenen war dieser Sturz keines Kommentars würdig. Für das Kind ist es die Möglichkeit gesehen zu werden. Erst als es weint, nicht alleine aufsteht, wird es von der Mutter hochgezogen, begleitet mit den Worten „Das ist nicht so schlimm!" Das Jammern wird lauter, die Erwachsenen gereizter. Die Großmutter stellt vorwurfsvoll fest: *„Du bist doch nicht aus Schokolade!"* Worauf das Weinen nicht verstummt, sondern inbrünstiger und stärker wird. Genervt, das Kind neben sich herschleppend, zieht die Mutter ihr letztes und eindrucksvollstes Register: *„Wenn du nicht sofort aufhörst, bekommst du kein Eis!"*

Wie traurig und aussichtslos für das Kind. Anstatt seinen Kummer zu erkennen, haut die Mutter in die gleiche Kerbe wie die Großmutter, die ihr „Erziehungskonzept" kopfnickend bestätigt.

Die Drohung hat ihre Wirkung, natürlich nicht bei jedem Kind die gleiche. In diesem Fall verstummt das Kind, schluchzt kaum noch wahrnehmbar in sich hinein. Endlich kann man sich wieder dem süßen lachenden Baby zuwenden. Aber das Baby lacht gar nicht mehr, es hat die bittere Szene miterlebt. Seine staunenden, betroffenen Blicke erreichen die ältere Schwester nicht. Sie hat sich mit ihren Gefühlen nach innen gerichtet, die Augen zum Boden gewendet.

Die „Störung" ist vorbei – aufgehoben für später, „auf"-gehoben, nicht wirklich vorbei, nur im Moment nicht mehr laut genug für die, die sie nicht sehen wollen. Die verurteilenden Worte der Erwachsenen hinterlassen ihre Spuren, schlimmer und verletzender ist ihr Standpunkt, ihre Haltung: „Du musst dein Geschwisterchen annehmen. Du darfst nicht eifersüchtig sein. Wir mussten auch viel ertragen, ob wir wollten oder nicht. Das Leben ist hart, gewöhne dich daran. Du bist nicht die wichtigste Person!"

Oft wollen und können wir die Gefühle der Eifersucht, der Wut, der Verzweiflung nicht aushalten, lassen den Kindern, obwohl sie es dringend benötigen, dafür keine Zeit und keinen Raum.

Wünsche erfüllen

Soll man den Kindern alle Wünsche erfüllen? Sicher ist das gar nicht möglich, aber es gibt viele Wünsche, die nichts kosten, nur Zeit!
- Ausnahmsweise noch einmal auf den Kletterturm steigen dürfen.
- Noch ein letztes Bilderbuch vor dem Einschlafen.
- Das Kuscheltier in den Kindergarten mitnehmen dürfen.
- Mal wieder mit dem Papa oder der Mama einschlafen.
- Aus dem schönen Glas trinken.
- Den Kindergarten einmal schwänzen.
- Mit dem Zug statt mit dem Auto fahren.

- Beim Putzen mithelfen dürfen.
- Sich außerhalb der Faschingszeit schminken dürfen.
- Mitten im Winter ein Sommerkleid, einen langen weiten Rock anziehen.

Ich kannte eine Mutter, die ihrer Tochter den Wunsch, im Winter ein Sommerkleid zu tragen, problemlos erfüllte. Das Mädchen trug unter dem Sommerkleid entsprechend warme Kleidung und für den Schnee hatte es eine Hose dabei. Sie war beneidenswert glücklich und andere Kinder wären gern an ihrer Stelle gewesen. Man sah ihr an, wie wohl sie sich in ihrer „Haut", dem schwingenden Kleid fühlte. Eine Mutter, mit der ich schon lange in freundschaftlicher Beziehung stand, bot mir ein Kleid an, das ihrer Tochter zu klein geworden ist. Sie schmunzelte und sagte, dass ich es nicht nehmen bräuchte, aber ihre Tochter Leonie hätte es immer mit Begeisterung getragen. Das Oberteil des Kleides war aus schwarzem Samt-Imitat, ab der Hüfte waren zwei rosa-schwarz-durchwirkte längere Volants aus Synthetik angebracht. Die Ärmel, der Kragen und ein Gürtel waren aus dem gleichen Material und der selben Farbe wie die Rüschen. Bis auf den Samt glitzerte und schillerte alles sehr auffällig. Ich dachte an die Verkleidungskiste von Sophia und nahm das Kleid dankend an.

Meine Enkeltochter war begeistert und zog es bei jedem Besuch bei mir an, obwohl es ihr viel zu groß war.

Eines Spätnachmittags wollten wir beide auf ein Straßenfest, das man zu Fuß erreichen konnte. Sophias sehnlichster Wunsch war, ihr schönes Kleid anziehen zu dürfen. Es war mir ein wenig peinlich und ich versuchte, meiner noch nicht ganz dreijährigen Enkelin ihren Wunsch auszureden: „Das ist kein richtiges Kleid. Das zieht man nur im Fasching oder Zuhause an."

Sophia: „Das macht nichts. Ich kann es trotzdem anziehen." Sie schaut mich dabei selbstbewusst an.

Ich: „Da ist soviel Plastik dran. Das ist nicht gesund für deine Haut."

Sophia: „Da kann ich doch ein T-Shirt unten drunter anziehen. Das haben wir schon oft gemacht." Sie lächelt verschmitzt.

Ich: „Und wenn die Menschen dich auslachen und das Kleid komisch finden?"

Sophia: „Das macht mir gar nichts, aber die Leute lachen mich nicht aus." Sie grinst mich, auf weitere Einwände wartend, an.

Ich: „Und was machen wir, wenn du ein Eis essen willst und kleckerst und das schöne Kleid schmutzig wird?"

Sophia: „Das Kleid kann man doch waschen und ich kleckere ganz bestimmt nicht. Ich passe ganz gut auf!"

Ich: „Aber an den Beinen ist es heute abend zu kalt und du hast nur Söckchen und eine Jeans dabei."

Sophia gibt nicht auf, der Wunsch bedeutet ihr viel: „Kannst du mir eine Strumpfhose von dir geben?" Ich schluckte, wollte mir eine

Manche Kinder lieben es, sich zu verkleiden, sich zu schmücken, zu verwandeln. Es wäre wunderbar, wenn die Verkleidungskiste nicht mit unpassenden Resten, sondern mit entsprechend reizvollen Utensilien ausgestattet wäre.

überzeugende Antwort ausdenken, da vernahm ich die zarte, bittende, unwiderstehliche Stimme von Sophia „Wir können doch zusammen suchen." Es ist ja lächerlich, Sophias Wunsch aus Angst vor der Reaktion der Anderen nicht zu erfüllen! Wir suchen. Jedes strumpfhosenähnliche Teil war zu groß und zu weit. Endlich etwas Knallrotes, genau passend zu den rosaroten Plastik-Rüschen! Die Hose bis unter die Arme gezogen, den Rest in Falten gelegt und über die Schuhe gestülpt, repräsentierte Sophia das Glück in Person. Ihre strahlende Freude und ihre Dankbarkeit trafen mich ins Herz. Alle Peinlichkeiten und Meinungen anderer Menschen waren wie weggeblasen.

Sie wünschte sich nun noch, dass ich eine ganz bestimmte Bluse und einen langen Rock anziehen solle. Sie nahm mich bei der Hand und zeigte mir in meinem Kleiderschrank, wonach ich suchen sollte. Als wir das Haus endlich verließen, sagte Sophia überzeugt: „Jetzt sind wir aber beide sehr schön!"

Später entdeckte ich das Bilderbuch von Doris Dörrie „Lotte will Prinzessin sein"[5] und amüsierte mich köstlich und fühlte mich sehr davon angesprochen.

Beim Wünsche erfüllen sollte man darauf achten, dass man die Fürsorgepflicht, die man den Kindern gegenüber hat, ernst nimmt. Nur weil ein Kind bestimmte Kleidungsstücke nicht anziehen will, darf man es bei 20° Minustemparatur natürlich nicht ohne entsprechende Kleidung, ohne Mütze und Schal – oder im Sommer ohne Sonnenschutz aus dem Hause gehen lassen! Allerdings empfinde ich es als selbstverständlich, dass das Kind im warmen Auto oder in den überhitzten Kaufhäusern sich so weit entkleiden darf, dass es nicht schwitzen muss. Meistens ahmen die Kinder ihre Bezugsperson nach und wollen wie sie ohne Kopfbedeckung oder Winterstiefel ausgehen.

Manchmal sind es nicht die Kinderwünsche, die erfüllt werden! Einige Jungen bekommen die Eisenbahn geschenkt, mit der der Vater spielen möchte oder die Mädchen die Puppen, die den Eltern gefallen. Natürlich fühlen sich die Eltern für die Geschmacksbildung ihrer Kinder verantwortlich. Ich habe oft gehört, dass Eltern sagten: „Eine Barbie-Puppe kommt mir nicht ins Haus." Jeder hat seine eigene Überzeugung und handelt entsprechend. Ängste und Vorurteile spielen dabei eine Rolle. Manchmal wird ein Wunsch so schnell erfüllt, dass er anschließend keine Bedeutung mehr hat. Das Spiel, die Puppe, das Stofftier werden weder geachtet, noch beachtet. Es wird wertlos. Das heißt nicht, dass das Kind jeden Wunsch erst lange ersehen muss, um ihn erfüllt zu bekommen. Schade ist, wenn man sich langersehnte Kinderträume erst als Erwachsener erfüllen kann. Es ist besser als gar nichts, aber die Freude ist meist nicht die eines Kindes.

---

[5] Doris Dörrie, Julia Kaergel, Lotte will Prinzessin sein, Ravensburg 1998.

Ordnung und Chaos

Druck und Gegendruck

Die Kinder treffen sich nach einem langen intensiven Freispiel mit mir im Stuhlkreis, wir singen und räumen anschließend auf. Denke ich zumindest, denn ich bin mir meines Vorhabens sehr sicher. Wie aus heiterem Himmel treffen mich unvorbereitet die „Neins" einiger Kinder. Sie sagen, sie hätten keine Lust und bleiben demonstrativ sitzen. *Sie sagen nicht, dass sie müde sind und eventuell später oder lieber morgen aufräumen!* Ich nehme zur Kenntnis, rege mich vorerst nicht weiter auf, sondern mache mich mit meiner Kollegin und den freiwilligen Kindern an die Arbeit. Es geht zäh voran, Tische und Stühle werden an ihren ursprünglichen Platz geschoben, Polster und Stofftiere weggeräumt.

Wieso fühle ich mich ungeduldig, möchte gerne bald ins Freie gehen? Der „Nichtaufräum-Bazillus" hat mich und die aktiven Kinder angesteckt! Sie stehen unwillig, gelangweilt herum und haben auf Stühlen und Tischen Platz genommen. Ich spüre, hier ist etwas im Gange. Das widerständige, solidarische Verhalten der Kinder lockt meine „Grundreserven" aus der Tiefe!

„Wenn das Zimmer nicht in Ordnung und aufgeräumt ist, können wir leider nicht rausgehen."

Eine freundliche Erpressung!! Ist das meine Methode? Auf alle Fälle war dies der Anfang vom verlorenen, unbeabsichtigten Kampf!

Einige starke Kinder zeigen offene Konfrontation: „Das macht nichts, ich wollte sowieso nicht rausgehen!" oder „Ich werde bald abgeholt." Nur sehr wenige ängstliche, unsichere Blicke erreichen mich.

Ich leiste mir den zweiten „Schnitzer" meines Erziehungsregisters. Etwas säuerlich und vorwurfsvoll „Nun gut, dann räume ich eben alleine auf, aber ihr müsst warten, bis ich fertig bin und das kann ganz lange dauern!"

Ich nehme einen großen Besen und kehre alle herumliegenden Spielsachen, es sind viele, in die Mitte des Zimmers. Nur einige Kinder versuchen, mir zu helfen, während die meisten aufmüpfig, stolz, exemplarisch abwarten, was geschieht. Hier und da animiert so ein „gemischter" Spielzeug-Salat, wie er gerade in der Mitte entstanden ist, zum Aussortieren. Heute besteht keine Aussicht darauf! Absoluter Widerstand kommt mir entgegen.

Mein nächster Kardinalfehler ist fällig, etwas zwischen Drohung und Zynismus: „Also dann werfe ich die Spielsachen einfach weg, dann brauchen wir nichts mehr aufräumen!"

Wie inszeniert leiert ein mehrstimmiger Chor: „Das macht gar nichts aus, wirklich das macht nichts, du kannst alles wegwerfen, wir haben noch viele Sachen zum Spielen!"
Mich eindringlich versichernd, ob ich noch eine Chance habe: „Und die vielen teuren Legos, die Autos, die Tiere, die schöne Eisenbahn, mit der ihr so gerne spielt, das ist doch schade, alles wegzuwerfen!?" (Meine Kollegin hält sich mit Recht aus meinem Manöver raus.) Kurze Atempause. „Jetzt habe ich sie!" Im Gegenteil. Ein mutiges Kind beginnt sein Solo „Nein das macht mir nichts!" Weitere Kinder stimmen mit ein: „Nein das ist gar nicht schade, wir brauchen es nicht."

Jetzt fühle ich mich gar nicht mehr gut, in eine Ecke gedrängt, in die ich mich selbst manövriert habe. Weitere Manipulationsmaßnahmen sind mir ausgegangen, vor allem bewusst geworden. Langsam erkenne ich den Schauplatz als ein von mir eingefädeltes Spiel, trotzdem ziehe ich, innerlich abwartend, meine letzte „Karte". „Ich erlaube Euch morgen nicht, mit den restlichen Spielsachen zu spielen, weil ich nicht weiß, ob ihr aufräumt oder nicht!" Mein Misstrauen wird von einzelnen Kindern belohnt: „Wir brauchen die Spielsachen nicht, ich nehme mein Auto mit, ich meine Puppe, ich mein Bilderbuch, ich mein ..." „Und wenn ich das auch nicht erlaube?" „Dann spielen wir halt einfach nur so!" (Damals gab es noch keinen Gedanken an einen spielzeugfreien Kindergarten.)

Das gab mir den Rest, nur gut, dass per Zufall keine andere Kollegin, keine Hospitantin, Eltern oder Bezirksleiterin dieses mehraktige „Trauerspiel" erleben mussten. Es wäre mir peinlich gewesen, obwohl ich gerade dabei war, mir innerlich zuzulächeln und die Kinder zu bewundern. So viel Stärke, Solidarität, Mut und Widerstand! Habe ich ihnen dazu verholfen? Hat mein „kindliches" ohnmächtiges Verhalten sie gestärkt? Wenn, dann ist dies nur möglich, wenn Kinder wissen, wie sie dran sind, wenn sie für ihr Verhalten nicht ernstlich erniedrigt, abgestempelt, beschämt und bestraft werden.

Jetzt musste ich mein „Versprechen" konsequent einhalten, mit einer Kehrichtschaufel hob ich die Spielsachen in einen Wäschekorb und schleppte diesen mit meiner Kollegin aus dem Zimmer. Als wir zurückkamen, zogen sich die Kinder an und hielten sich bis zum Mittagessen im Garten auf.

Am nächsten Morgen spielten die Kinder wie gewohnt, als wäre nichts geschehen. Ich gab keinerlei Bemerkungen ab oder Anweisungen, dass sie etwas nicht dürfen. Ich wollte nicht mehr an mein, zwar menschliches, aber doch sehr unpädagogisches Handeln erinnert werden. Die Kinder brachten weder extra Spielsachen von zu Hause mit, noch fragten sie nach den „weggeworfenen" Dingen. Das Aufräumen geschah in gelöster Atmosphäre mit vertrauter Selbstverständlichkeit. Keiner hatte das Verlangen nach einer Wiederholung der gestrigen „Dialoge".

Nach etwa 7-10 Tagen vermissten einige Kinder bestimmte Dinge. Eines Morgens stand der „gemischte Salat", der im Büro versteckt war, im Zimmer. Genierliches, erleichtertes Lächeln, überraschte, staunende, fragende Blicke breiteten sich aus. Da stand es – ein Stück Vergangenheit. Um Unterschwelliges und Undurchschaubares aufzuhellen und keinerlei Gewissensbisse aufkommen zu lassen, sprach ich zur Entlastung aller: „Ich habe die Spielsachen nicht weggeworfen. Ich habe mir gedacht, dass ihr sie doch gerne hättet. Ich hatte sie im Büro versteckt, weil ich furchtbar sauer war und ich nicht mehr wusste, was ich machen sollte!" Die Kinder zeigten Verständnis und Befreiung, sie suchten sich freudig die Dinge aus dem Korb, die sie doch ein wenig vermisst hatten.

Andere genossen es ausgiebig, mit beiden Händen bis auf den Grund des Korbes zu greifen, zu fühlen und zu ertasten, das verschiedenartige Material und die große Menge zu durchwühlen. Nur wer Lust hatte, sortierte aus. Was sprach dagegen? Nach ein paar Tagen war jeder Gegenstand an seinem Ort.

Nie mehr hat sich eine derartige Situation ereignet. Von da an habe ich sie weder heraufbeschworen, mich hineinmanövriert, noch darauf eingelassen.

Jetzt wird aufgeräumt!

Wir waren fünf Kinder, hatten ein großes Kinderzimmer, mit nicht allzu vielen Spielsachen, aber genug, um eine zuverlässige Unordnung herzustellen. Ich weiß nicht, wie oft und wie gründlich wir aufgeräumt haben, aber wenn das Chaos (wahrscheinlich nur für meine Eltern) unerträglich war, half mein Vater mit, es aufzulösen. Dabei hatte ich ein sehr angenehmes, gemeinschaftliches, erleichterndes Gefühl, und alles ging viel schneller und einfacher.
Leider begleitete er manchmal seine „Hilfe" mit Nörgeleien und verzweifelten, immer lauter werdenden Vorwürfen, die mit einem hilflosen Donnerwetter endeten. Das ging mir durch Mark und Bein, obwohl es mich gar nicht betraf. Erstens war ich „brav", und zweitens waren meine Puppen schnell aufgeräumt.

Obwohl das Thema „Aufräumen" in meinem Buch „Freispiel – Freies Spiel?" besprochen wurde, ist es in jeder Fortbildung ein Punkt, der interessiert weiterdiskutiert wird.
Wie geht es Ihnen, wenn Sie sich zu dieser Frage auf die Erfahrungen Ihrer Jugend, Ihrer

Kindheit einlassen? Es ist selten, dass uns bei dem Wort „Aufräumen" angenehme wohlige Gefühle hochkommen. Wieso eigentlich nicht? Aufräumen heißt:
- etwas in Ordnung bringen
- Dinge an ihren Platz zurückstellen
- Durcheinandergeratenes zu sortieren
- sich von Überflüssigem zu lösen und zu befreien
- zu entdecken, was zu viel ist und wo es fehlt
- geliebte und notwendige Dinge in die Hände zu nehmen
- am Ende einen klaren Überblick zu haben, um wieder etwas Neues beginnen zu können

Man könnte das eben Aufgezählte auch als symbolische Handlung – Ausdruck meiner „Innerlichkeit" – sehen.

Aufräumen hat aber den Geschmack von:
- schimpfen
- nörgeln
- anfauchen
- verdonnern
- Vorwürfen
- etwas hinter sich bringen müssen
- Belehrung
- Beschimpfung: „Du bist unmöglich" – „Du bist schlampig!" – „Ich habe diese Sauerei satt!" – „Ich geniere mich für dich" – „Räum jetzt endlich auf, sonst ...!" – „So geht es nicht weiter" – „Du bist faul. Was soll aus dir werden?"

Auch im Kindergarten bekommen die Kinder die Vorwürfe, die Nervosität, Ungeduld, den Widerwillen und vor allem die Einstellung, die Beziehung, die der Erwachsene zu Ordnung und Unordnung hat, mit. Was allerdings aufgenommen, angenommen, überhört und wie es „verdaut" wird, bleibt uns verborgen. Die einen schränken bedauernswerterweise ihr Spiel ein, brauchen weniger Zutaten, andere beharren auf dem Recht, nur das „Eigene" aufzuräumen, verweigern Hilfe, werden wie gelähmt, müde, wirken verstockt, widerspenstig oder nervös, andere werden durch „Hochloben" zu „braven", angepassten, folgsamen, ehrgeizigen, aufräumwütigen Ordnungstypen.

Ich habe nichts gegen Ordnung, im Gegenteil, aber ich möchte mich nicht von ihr und ihren Prinzipien und Auswirkungen abhängig machen. Selbstverständlich räume ich erst meinen Arbeitsplatz auf, bringe Sonstiges – mich dabei einstimmend – in „Ordnung", bevor ich etwas Neues beginne, aber ich möchte trotzdem mit ruhigem Gewissen ins Bett gehen und gut schlafen können, obwohl die Küche unaufgeräumt ist und eventuell in anderen Räumen Unordnung herrscht.

Wenn meine Enkelkinder bei mir sind, zeigen fast alle Räume, soweit ich es zulasse, ihre Spuren. Ich musste mich erst wieder neu daran gewöhnen. Den Eltern geht es nicht besser, für manche „Hausfrau" und für manchen Vater ist ein schmerzliches Umdenken nötig, bis sie sich damit abfinden, dass das „Zuhause" nicht wie früher gelleckt aussieht, dass manche Dinge von den Kindern „unsachgemäß" behandelt, mit Fingerabdrücken versehen, verklebt werden, zerkratzt, beschädigt werden und kaputt gehen. Mit dem vorläufigen Wegräumen der wertvollen, zerbrechlichen Schätze, einigen kindgerechten „Umräumungen" und sehr wenigen „Neins" kann man nervenaufreibenden Szenen aus dem Wege gehen.

Kinder zeigen uns, dass sie da sind, Raum und Zeit einnehmen, dass nicht alles ist wie früher, dass alles anders ist. Wer dies übersieht, kommt ins Schwitzen, wird sich und dem Kind nicht gerecht, verweilt in der „Ordnungsvergangenheit" oder der aussichtsvollen Zukunft, versäumt das Hier und Jetzt, welches sich ganz neu, ungewohnt, überraschend lebendig, welterneuernd gestaltet.

Die Spuren meiner noch sehr jungen Enkelkinder räumen wir zwar – sie und ich – meistens gemeinsam weg, aber 99 % treffen mich, den Rest schaffen sie locker. Manchmal, wenn sie vor der angegebenen Zeit abgeholt werden, lasse ich sie in Ruhe gehen, gönne mir eine Kraftpause und räume anschließend 10 Minuten auf, länger dauert es nie!

Im Kindergarten werden die 3-4-jährigen Kinder beim Aufräumen miteinbezogen, aber auch hier haben die „alten Hasen" die Hauptarbeit geleistet. Meistens haben die Kleinen die Aufgabe, das Spielzeug in den gegenüber liegenden Schrank zu legen, schon nach ein paar Schritten vergessen oder sie haben angefangen erneut damit zu spielen.

Es hat auch keinen Sinn, herumliegende Dinge, in der Annahme, sie würden nicht mehr gebraucht, wegzuräumen, oder mit dieser Arbeit jemanden zu beauftragen. Dies stört das Spiel und die Atmosphäre sehr, bringt eher Unruhe als Ordnung.

Im Kindergarten und zu Hause ist unsere Hilfe immer gefragt und angebracht. Auch Erwachsene lassen sich gelegentlich gerne helfen.

Das eigene Verständnis von Ordnung – eine bunte Angelegenheit

Kinder haben andere Vorstellungen von Ordnung und „gutem" Geschmack. Sie haben Freude an Farben und Mustern. Sophia deckt als Abschluss ihres Spiels den Tisch in der Puppenecke. Sie legt drei verschieden gemusterte Tischdecken übereinander auf den Tisch, so dass jedes Tuch ein wenig zu sehen ist, darauf einen goldenen Papieruntersetzer, ein kleines gemustertes Papiertaschentuch, und als Krönung stellt sie eine Vase mit kleinen

Manche Spielsituationen benötigen viel Material. Schade, wenn der Genuss der Fülle dem Ordnungsdrang der Erwachsenen zum Opfer fällt.

bunten Seidenblumen in die Mitte. Es gibt noch Platz für Teller, Gläser und Besteck. Die Gläser werden mit bunten Holzstäbchen und die Teller mit Kastanien gefüllt. Auf den Stühlen liegen ebenfalls bunt überzogene Kissen. Zufrieden verlässt sie ihr farbiges Heim. Niemand regt sich auf. Keine „geschmackvolle" Hand verbessert oder tauscht Gemustertes gegen Einfarbiges aus. In völliger Freiheit kann Sophia ihren eigenen Geschmack entwickeln und genießen. Das Zuhause, die Umwelt bieten Anregungen, die Sophia annimmt oder aus dem sie ihr Eigenes kreiert.

Ein anderes Beispiel: Als meine Freundin Monika noch jung war und zu Hause wohnte, räumte manchmal die Mutter ihr Zimmer auf. Monika fand dies nicht unangenehm oder indiskret, aber sie fühlte sich in ihrem Zimmer nicht mehr wohl, es wurde kahl und unpersönlich. Solange Unordnung herrschte, standen die Möbel als unauffällige Gebrauchsgegenstände herum. Jetzt aber drängten sie sich plötzlich in den Vordergrund, fielen aus dem Rahmen, wurden hässlich, wichtig und laut.

Erst als meine Freundin ihre eigenen Dinge im Zimmer verstreute, ihre persönlichen Spuren hinterließ, „schmückende Unordnung" veranstaltete, verwandelte sie das Zimmer wieder zu ihrem eigenen Raum und es war wieder wohnlich und gemütlich.

Auch das ist in Ordnung: Kristina, eines meiner mittlerweile erwachsenen Kindergartenkinder, erzählt mir, wie sie mit Ordnung umgeht: „Es kommt immer wieder vor, dass ich tagelang kein Geschirr spüle und so entsteht Chaos in meiner Küche. Dies macht mich gar nicht nervös, weil ich mir das nötige Geschirr aus der Küche hole und in dem Zimmer mit dem Sonnenaufgang genießerisch frühstücke. Zu meiner Küche sage ich: Hier wohne ich nicht! Wenn sie wieder sauber ist, kann ich mich über die Ordnung freuen.

Wie entsteht Unordnung?

Ich fotografiere sehr gerne, schon seit meiner frühesten Jugend, aber seitdem ich Großmutter bin, gibt es ungeahnte Möglichkeiten, diesem Hobby zu frönen.

Als Sophia, mein erstes Enkelkind, noch klein war und sie sich zufällig ein paar Stunden bei mir aufhielt, kam mir plötzlich die Idee, sie für das bevorstehende Weihnachtsfest als Engel zu fotografieren.

Fotoapparat und Filme stehen immer zur Verfügung, aber das Licht in der Wohnung reicht nicht aus. Fiebernd suche ich nach verschiedenen Lichtquellen, komme dabei in Bewegung und einiges gerät in Unordnung. Tisch und Stehlampen werden aus allen Räumen, Ecken und Regalen entführt und in die günstigste Position platziert, aus einer Schublade zwischen Papieren ein goldenes Papier gesucht, gefunden und zu einem „Engelsreifen" gefaltet und geklebt, geschenkte Engelsflügel hervorgezerrt, farbige Seidentücher aus dem Korb gezogen und Sophia wird ein wenig ausstaffiert. Sie lässt sich fast alles gefallen, nein, sie genießt es sogar, wenn ein wenig „Äktschn" ist!

Wunderbar, die ersten Fotos sind geknipst und Sophia zeigt noch keinen Unmut. Mir fällt noch der blaue Samtschal ein, das weiße Hemd als Engelsgewand, Lametta und die Qui-Gong-Kugeln, die Sophia so liebt. Ich habe

Herzklopfen vor Begeisterung und denke nicht an offene Schränke, Schubladen, Schachteln, aufgerissene Tüten, herumliegende Kleber, Scheren usw. Ich fotografiere lustvoll die allerliebste Putte in verschiedenen Variationen. Sophia wird unruhig, aufgewühlt knipse ich die letzten Fotos, nehme, was sich mir noch bietet. Fertig! Ich bin glücklich.

Äußerst unangenehm wäre es mir jetzt, wenn sich jemand über das entstandene Durcheinander auslassen würde, abwertende Kommentare lieferte und mich womöglich zum Aufräumen bedrängen oder auch nur ersuchen könnte. Nichts derartiges muss ich über mich ergehen lassen. Ich mache Sophia und mir etwas zu trinken, wir sind durstig, mein inneres Feuer hat uns beiden eingeheizt. Wir spielen, schmusen, entspannen uns, bis ich genügend Abstand zu meinem „Anfall", meinem Tun habe, mich von meiner Verausgabung und Angespanntheit verabschiedet und erholt habe. Das Anstrengende und gleichzeitig Euphorische an dieser Arbeit, die Verwirklichung der plötzlichen Idee war nicht auf später zu verschieben.

Wenn Kinder einer Idee nachgehen, geht es ihnen ähnlich wie mir. Sie vergessen Zeit und Raum, doch Unordnung kommt ihnen hoffentlich nicht in den Sinn.

„Es ist nicht gerecht, wenn die Einen viel und die Anderen wenig aufräumen!"

Was heißt hier gerecht! Ich nehme an, dass die Vielaufräumer gerne aufräumen, dass sie Befriedigung finden, etwas in Ordnung zu bringen, dass sie ein unbeschwertes lockeres Verhältnis zum Aufräumen haben. Kein Kind wird als Drückeberger geboren, Umstände, belastende Erfahrungen machen es dazu. Erwachsene Drückeberger werden entweder gemieden oder sogar als die Geschickteren geschätzt.

Nach welchen Kriterien lade ich eigentlich Personen zu einem Fest oder einer Party ein? Die Kinder wählen ihre Spielpartner nach ihrer Beziehung zu ihnen aus, wie viel sie in ihrer Welt zusammen erlebten und worüber sie sich gemeinsam begeistern können. Sie denken nicht an das bevorstehende Aufräumen oder an eine evtl. Gardinenpredigt, auch der Nachbarjunge nicht!

Von den Kindern kann ich lernen, im Hier und Jetzt zu leben. Sie nehmen „Geschimpfe" und Tadel in Kauf und verzichten, wenn es irgendwie möglich ist, nicht auf das momentane Glück.

Aufräummodus finden

Das ist nicht einfach, denn wir Erwachsenen haben schon so viele verschiedene Ansichten über Ordnung. Welche sollen die Kinder übernehmen? Wichtig und wünschenswert ist, mit großzügigen Regeln einen Modus zu finden, um unter einem Dach zufrieden leben zu können, ohne dass unsere Nerven allzu sehr leiden. Außerdem lieben die meisten Kinder von sich aus „ohne Erziehung" das Sortieren nach Farben und Formen und das schwierige Einräumen von Baukästen, die nach einem bestimmten System eingeräumt werden müssen. Sie brauchen ausreichend Zeit zum Üben, wie etwa bei den Fröbel-Baukästen.

Das Aufräumen muss auch keine starre lebenslänglich gleichbleibende Aktion sein. Experimentieren, neue Versuche sind erlaubt.

Eine Mutter berichtete mir, dass das Kinderzimmer ihrer drei Kinder, 2 – 7 Jahre alt, nur einmal wöchentlich gemeinsam, also auch mit ihrer Hilfe aufgeräumt wird. Das unaufgeräumte Zimmer stört weder die Eltern noch die Kinder, die sehr intensiv und ausdauernd spielen. Während des Aufräumens werden gleichzeitig nicht mehr benützte Spielsachen aussortiert, weggeräumt oder verschenkt.

Praktisch ist es, wenn es – bei aller Ordnungsliebe – im Zimmer eine „Wühl-Schublade" gibt. Dort dürfen die Kinder immer Restbestände verstecken, verstauen und gelegentlich wieder suchen und finden.

Meine Erfahrungen und Aufräumhilfen

Aufräumen ankündigen

Wenn die Spielzeit um ist, ein Termin oder eine andere Aktivität dran ist, sollte dies unbedingt vor dem Aufräumen ein- bis zweimal angekündigt werden. Wie Sie wissen, haben Kinder ein sehr unterschiedliches Zeitgefühl.

Innere Entscheidung treffen

Dieser rechtzeitigen Ankündigung geht die eigene Entscheidung voraus. Wenn ich selbst noch im Zweifel bin, mir die Kinder leid tun, ich ihnen eigentlich noch mehr Spieldauer gönnen möchte, sollte ich abwägen und erst Klarheit in *mir* schaffen. Ich habe oft feststellen müssen, dass meine ungeklärten Gefühle, meine Unschlüssigkeit, sich nachteilig ausgewirkt haben und die Kinder unwillig aufgeräumt haben.

Abstand gewinnen

Sehr oft habe ich mich vor dem Aufräumen mit den Kindern auf Matten, Kissen oder im Stuhlkreis zusammengesetzt. Ihr Spiel war ihnen so nahe, d.h. sie und das Spiel waren eins. Aufwühlende Gefühle, schwierige Auseinandersetzungen, Lust, Angst, Gespanntheit, haben sie mit ihrem Herzen, mit Leib und Seele erlebt. Erschöpft von so vielen Hochs und Tiefs, brauchen sie Abstand und neue Energien. Fingerspiele, Reime, Lieblingslieder singen, etwas trinken, holt sie aus „ihrer Welt" zurück. Danach geht alles viel leichter.

Aufräumaufgaben selbst wählen

Die Kinder dürfen sich selbst ihre Aufräumaufgabe aussuchen. Zu Hause gibt es nicht so viele Kinder, die gemeinsam helfen können, aber man könnte mindestens mit dem, was am leichtesten und angenehmsten ist, anfangen aufzuräumen. Der Erfolg spornt an!

Aufgaben benennen

Wenn das Chaos unüberschaubar ist, hilft es, wenn man die Aufgaben konkret benennt, z.B.: Wer sucht alle Autos und räumt sie in die Schublade, wer möchte das Geschirr, die Puppen, die Legos, die Eisenbahn, die Schienen, die bunten Bausteine, die Decke, die Tücher usw. versorgen? Mit dieser Konkretisierung räumen Kinder viel mehr und selbstständiger auf.

Mit Humor geht es besser

Eine gewisse Gelassenheit und Humor wirken Wunder, auch nebenbei singen oder summen bringt gute Stimmung. Wer müde ist, kann sich noch ein wenig ausruhen, wer lustlos ist, darf auch mal weniger oder gar nicht aufräumen. Die Tage sind verschieden und auch die eigenen Stimmungen. Je weniger Druck, desto weniger „Drückeberger". Druck erzeugt Gegendruck. Der Druck, die angebliche „Gerechtigkeit" und die Aussicht, alle *müssen*, vor allem *alle müssen das Gleiche tun*, geht von dem Erwachsenen aus. Die Kinder sind von sich aus solidarisch, loyal und eher hilfsbereit. Ausnahmen gibt es immer, aber durch Vorwürfe und Zwang wird das Aufräumen zur großen Last. Das muss nicht sein.

Motivation

Die Ankündigung, was nach dem Aufräumen sein wird, kann als Motivation den nötigen Schwung geben. Das anschließende Ins-Bett-Gehen hat wahrscheinlich keinen Anreiz, schneller und freudiger aufzuräumen. Die Aussicht auf eine Geschichte, ein Bilderbuch, ein gemeinsames Spiel, einen Ausflug, einen Besuch, birgt sicher mehr Zauber in sich.

Genügend Platz und Körbe

Das aufzuräumende Material muss genügend und nach Möglichkeit immer den gleichen gewohnten Platz haben.

Wenn das Geschirr – egal, ob zu Hause oder im Kindergarten – mühsam gefährlich gestapelt werden muss und jeder Zentimeter Stellfläche berechnet ist, macht es keinen Spaß, es aufzuräumen. Mich macht es nervös und ungeduldig.

Wenn ich eine Tischdecke aus dem Schrank nehme, aber erst Handtücher oder andere Teile aus- und wegräumen muss, um an die gewünschte Tischdecke zu gelangen, überlege ich, ob ich sie auch wirklich brauche.

Spielsachen, die in Körben und Kisten untergebracht werden, sind schnell und unkompliziert aufgeräumt.

Lob: eine Kritik

Jetzt warst du aber sehr brav!

Ich bin zum Frühstück eingeladen. Es sind noch andere Gäste anwesend. Sophia, $2^1/_2$ Jahre alt, sitzt im Hochstuhl, beobachtet die Unterhaltung zwischen ihren Eltern und dem englisch sprechenden Besuch. Sie sitzt ruhig da, isst das, was sie auf dem Teller hat und trinkt ihr Glas leer, genießt die heitere Atmosphäre und ist mit dem Hören und dem Schauen der Neuigkeiten, der ungewohnten Konstellation beschäftigt. Gegen Ende des Frühstücks lobt die Mutter ihre Tochter mit freundlichem, erleichtertem Ton: „Jetzt warst du aber sehr brav!"

Sophia nimmt das Lob entgegen, weiß aber nicht so recht für was. Sie war also brav! Warum? Weil sie nicht wie sonst gezappelt hat, weil sie ruhig war, alles aufgegessen und getrunken hat, nicht immer etwas anderes gewollt hat, nicht im Mittelpunkt gestanden hat, keine Wünsche ausgesprochen hat, sich benommen hat, wie es die Eltern sich gewünscht haben.

Wenn öfter so ein – sicher nicht leichtfertiges – Lob ausgesprochen wird, könnte sich folgendes Muster einschleichen:

Wenn das Kind sich den Wünschen und Vorstellungen seiner Eltern entsprechend verhält, ist es ein braves, geliebtes Kind.

Wenn das Kind seinen eigenen Wünschen und Bedürfnissen gerecht wird, ist es ein böses, zumindest kein braves Kind und wird weniger geliebt.

Natürlich hat die Mutter ihr Lob nicht so gemeint, sondern es war eher Dankbarkeit, dass sie sich mit den Gästen ungestört unterhalten konnte, weil sie nicht ständig die Bedürfnisse von Sophia erfüllen musste. Woher soll das Kind das aber wissen und richtig einordnen können?

Macht Loben selbstbewusst?

Besonders leicht kann man Menschen mit Lob manipulieren. Auf diesen Satz reagieren die meisten Seminarteilnehmer mit Empörung und teilweiser Ratlosigkeit:

- Wieso soll man nicht loben?
- Wie soll dann das Kind selbstbewusst werden?
- Wann weiß das Kind, ob es etwas richtig oder falsch gemacht hat?
- Und wie sonst soll ich den unsicheren Kindern Mut zum Tun machen?
- Darf ich sozusagen gar nicht mehr loben?
- Mit so vielen Bedenken fühle ich mich nicht mehr frei genug, um loben zu können.
- Über das Loben habe ich noch nicht nachgedacht, ich habe es einfach getan.
- Ich finde das Loben sehr wichtig, ich brauche es auch für mich selbst.
- Wenn ich nicht mehr lobe, weiß mein Gegenüber nicht, was es von mir halten soll.

Als Karin ihr Praktikum in meiner Kindergartengruppe absolvierte, überbrachte sie mir das folgende Zitat, das ich als Herausforderung empfand:
„Wenn man ein Kind belohnt, bedeutet das keine so große Gefahr, als wenn man es bestraft, doch untergräbt man seine Moral auf eine feinere Art." (A. S. Neill, Theorie und Praxis der antiautoritären Erziehung)
Das Belohnen war für mich schon lange etwas Fragwürdiges. Es gab immer wieder Kolleginnen, die Kinder nach dem Mittagsschlaf mit einem Bonbon belohnten. Die Kinder, die nicht einschlafen konnten, waren darüber sehr enttäuscht. Es wurde auch belohnt, wenn jemand seinen Teller leer gegessen hatte, wenn jemand eine Arbeit fertig gemacht hatte oder für das gute Aufräumen. Bei Wettspielen wurden natürlich auch die Sieger, die Schnellen, Geübten belohnt. Die Kinder, die Übung, Wiederholung und Rückenstärkung gebraucht hätten, mussten vorzeitig ausscheiden.

In der Auseinandersetzung mit diesem Zitat und meinen Erfahrungen mit der Belohnung stellte ich das Loben in Frage. Ich wollte genau wissen: *Warum wird ein Kind gelobt?* Die Antworten der Erzieherinnen zu dieser Frage auf meinen Fortbildungen erstaunten mich sehr:

… damit das Kind selbstbewusst wird und sich mehr zutraut!

Meiner Erfahrung nach werden Kinder durch Lob nicht selbstbewusster, im Gegenteil, sie geraten mit der Zeit in eine Abhängigkeit dazu. Das System der Schulnoten demonstriert das sehr eindrucksvoll.
Das Selbstwertgefühl wird durch das Vertrauen, das der Erwachsene in das Kind setzt, gestärkt. Dieses Vertrauen hat der Erwachsene nicht einfach so zur Verfügung. Es wächst unter anderem in der absichtslosen Beziehung zu dem Kind und in der Freude, dass es da ist. Die Liebe zu dem Kind und seine bedingungslose Annahme trägt in sich die Möglichkeit einer Veränderung. Wo dem Kind Zeit und Raum geboten wird, etwas können zu dürfen, wo es etwas mit Lust und Freude üben darf, was später nicht abgefragt oder beurteilt

wird, wo etwas gelingen kann, wo sich das Kind aus eigener Überzeugung auf die Schulter klopfen kann, wo keine Vorurteile die Atmosphäre trüben, dort kann sich das Vertrauen zu sich selbst entwickeln.

Auch großzügig verteilte Vorschusslorbeeren machen die Kinder nicht mutiger, sondern setzen sie unter Druck, den „Lorbeerkranz" verdienen zu müssen. Eine Anforderung, die belastend und unfair ist.

Schmeicheleien haben Macht. Um sich ihrer zu entziehen, muss man Stärke und Aufrichtigkeit vorweisen. Das ist für manchen Erwachsenen schwierig und erst recht für die Kinder!

… damit das Kind weiß, ob es die gestellte Aufgabe richtig oder schlecht erfüllt hat!

In meiner Ausbildung habe ich gelernt, dass man positives Verhalten durch Loben verstärkt und negatives Verhalten negiert. Ich war schon damals vor 45 Jahren nicht damit einverstanden. Wieso sollte ich es nicht sagen dürfen, wenn ich mit dem Verhalten der Kinder nicht einverstanden bin, wenn die gestellte Aufgabe nicht erfüllt wurde?

Alle vier bis sechs Wochen ging ich mit den Kindern, die Lust hatten, in die Bücherei. Wir mussten viele Straßen mit und ohne Ampeln überqueren, bis wir nach ca. 30 Minuten Fußweg die Bücherei erreichten. Ich sagte den Kindern klar und unmissverständlich, wann sich nach ihrem Tempo frei laufen konnten, wann und wie sie gemäßigten Schrittes die Straßen überqueren mussten. Auch in der Bücherei, wo keine Gefahren drohten, mussten sich die Kinder angemessen nach bestimmten Regeln verhalten. Als wir mit einem Sack und mehreren Taschen voll Büchern in den Kindergarten zurückkehrten, waren wir immer heiter und zufrieden und manchmal auch müde. Kein Kind erwartete ein Lob für sein „richtiges" Verhalten, nämlich das Einhalten der Regeln und niemand war mir böse oder beleidigt, wenn ich ihn in einer schwierigen und gefährlichen Situation zurechtwies.

Damit sei nicht ausgeschlossen, dass ich dem Kleinkind Hilfe gewähre, indem ich ihm mit einem zustimmenden „Ja – genau so!" verdeutliche, um was es mir in dieser oder jener Aufgabe geht. (Siehe „Lernen durch Bestätigen").

… damit sich das Kind freut und es einmal im Mittelpunkt steht!

Durch das Lob wird das einzelne Kind hervorgehoben und es steht im Mittelpunkt der Gruppe. Die Frage ist, ob das Kind das auch wirklich will. Manchmal ist dies furchtbar peinlich und unangenehm. Und was denken sich die anderen Kinder, die gerne im Mittelpunkt stehen würden, aber keinen lobenswerten Anlass dazu bieten? Gelobt zu werden, ist nicht für jeden gleich gut erträglich.

Als Hans Sachs im dritten Akt der Oper „Die Meistersinger von Nürnberg" (Richard Wagner) von seinem Volk begeistert umjubelt wird, beginnt er seine Ansprache, mit der er

den Wettstreit der Sänger ankündigt, mit folgenden Worten:
„Euch macht ihrs leicht
Mir macht ihrs schwer
Gebt ihr mir Armen zu viel Ehr!"

Auch auf die Frage: *„Wofür werden Kinder eigentlich gelobt?"*, gaben die Fortbildungsteilnehmerinnen Antworten, die meine Zweifel am Loben als pädagogisches Mittel eher bestätigten als ausräumten:

… **wenn ein Kind viel und ordentlich aufgeräumt hat …**
Wie geht es wohl den Kindern, die mit dem Aufräumen Probleme haben, kein positives Verhältnis dazu haben, nicht in der Lage sind, genügend gut aufräumen zu können. Soll das Loben für sie ein Ansporn sein? Wann wird das Aufräumen zur alltäglichen Selbstverständlichkeit? Erwartet der gute Aufräumer eine lebenslange Anerkennung? (Siehe auch das Kapitel „Ordnung und Chaos")

… **wenn ein unruhiges Kind sich beruhigt hat und sich sehr darum bemüht hat …**
Wenn das Ruhigsein gelobt wird, dann erfahren Kinder sehr bald, dass ihr unruhiges Verhalten, das sie nicht als solches wahrnehmen, nicht anerkannt wird. Vielleicht lernt es auch, seine Unruhe, seine Unlust und Langeweile zu überspielen, oder zu unterdrücken und seinen Gefühlen nicht zu vertrauen. Das macht krank und unsicher.

… **wenn sich ein Kind hilfreich zeigt …**
Was wird hier gelobt? Die Bereitwilligkeit des Helfers, seine Gutwilligkeit, die Zuwendung, die von dem Helfenden kommt, die Dankbarkeit für die geleistete Hilfe? Steht hinter dem Lob die Hoffnung auf ein zukünftiges erneutes Helfen? Was macht das Lob mit den Kindern, die aus verschiedenen Gründen nicht helfen können oder wollen? Eine Möglichkeit der Reaktion wäre z.B. statt des floskelhaften „Du warst toll!" eine Aussage über das eigene Befinden „Ich bin froh, dass ich so schnell mit meiner Arbeit fertig bin!"

… **wenn das Kind brav ist …**
Was genau heißt brav sein? Angepasstheit, die Wünsche und Vorstellungen des Lobenden zu erfüllen? Dem anderen zuliebe eigene Wünsche nicht beachten? Wie wirkt sich das auf die Entwicklung des Kindes aus?

… **wenn sich die Kinder vertragen …**
Bedeutet das, dass ein Streit, eine Auseinandersetzung, eine andere Ansicht haben, verschiedener Meinung sein, Missverständnisse aufklären, Grenzen erfahren keine Anerkennung verdient?

… wenn die Kinder schön spielen …

Heißt „schön spielen", leise spielen, nicht so viel Unordnung machen, am Tisch sitzen, sich mit Basteln oder Malen beschäftigen? Heißt es, etwas zu produzieren, Ausdauer und Konzentration zu zeigen?
Ausdauer und Konzentration wird durch das Lob nicht gefördert. Es geschieht aus der Sache selbst.

… wenn das Kind etwas verstanden hat …

Wie geht es den Kindern, die sich in der Unklarheit aufhalten, nicht wissen, was man von ihnen will und aus Angst und schlechten Erfahrungen nichts verstehen und sich nicht trauen, nachzufragen.

… wenn mir etwas gefallen hat, z.B. ein Bauwerk oder eine Bastelarbeit …

Soll das Kind durch dieses Lob erfahren, was dem Lob-Austeiler gefällt und sich in Zukunft daran orientieren? Wird das Kind durch dieses Lob sicherer in seinem eigenen Geschmack, in seinem Handeln, in seiner Einzigartigkeit?

… wenn das Kind etwas alleine für sich geschafft hat …

Macht das Lob den Kindern, die weniger können, Mut? Bedeutet, auf Hilfe angewiesen zu sein, unselbstständig zu sein, sich schämen zu müssen?
Das Kind, das etwas allein vollbracht hat, wird sich über das Vollbrachte von sich aus freuen, sofern es ihm etwas bedeutet.

… wenn das Kind meine Vorstellungen erfüllt hat …

Dieses Lob verschafft dem Lobenden Sicherheit, Genugtuung und Zufriedenheit. Das tut einem gut. Für das Kind bedeutet diese „Huldigung", dass das Erfüllen von Erwartungen und Wünschen anderer Beifall und Zuwendung bringt. Da jedes Kind geliebt werden will, wird es nach Anerkennung Ausschau halten und sich nach Außen orientieren und weniger Vertrauen zu sich selbst haben.

… wenn ich nicht so viel schimpfen muss …

Was können die Kinder aus diesem Lob verstehen? Dass sie sich schuldig fühlen müssen, wenn Erwachsene sich über sie ärgern und dass sie dann nicht geliebt werden?
Andererseits aber bedeutet das Schimpfen für den Erwachsenen, die eigene Meinung zu sagen, den Unmut und Ärger über ein Verhalten zu äußern und die Grenzen seiner Zumutbarkeit zu zeigen. Warum soll man diese ehrliche Haltung zurücknehmen?

Mein Verständnis von Loben

Anteilnahme

Lieber Leser, liebe Leserin! Mir ist bewusst, dass meine Einwände provozierend wirken. Ich möchte niemanden verärgern, möchte aber deutlich machen, dass es mir ein Anliegen ist, über das Loben als pädagogisches Mittel zu diskutieren und es zu hinterfragen. Selbstverständlich soll und darf gelobt werden. Es wäre wohl unnatürlich, dies aus dem Grund, etwas falsch zu machen, zu unterlassen.

Aber nach meinem Verständnis und aus meiner Erfahrung heraus, ist das Lob, das in der Absicht gründet, etwas bewirken zu wollen, gezielte Manipulation. Das ist das Lob, das nicht aus dem Herzen kommt.

Der Beifall für die ersten Schritte des Kindes ist für mich kein Lob in diesem Sinne, sondern ein inniges Mit-Freuen. Das Kind ist über sein Können selbst begeistert. Man könnte sagen, gemeinsame Freude ist doppelte Freude.

Es gibt viele Momente im Leben, wo man sich mit jemandem mitfreut. Dies gibt Kraft und verbindet.

Ich meine auch nicht den Applaus, den ich nach einem Konzert oder Schauspiel gebe. Dem Darsteller auf der Bühne gibt es die Bestätigung, dass seine Darbietung gefallen hat. Der Beifall-Spender bekundet nicht nur seine Freude und Begeisterung, sondern es löst sich ein entstandener emotionaler Stau auf. Das Klatschen und Bravo-Rufen befreit mich von zurückgehaltenen Gefühlen.

Hier ist dieses Verhalten gerechtfertigt und für mich befreiend. Gleiches passiert mir auch bei den Kindern. Wenn ich sehe, wie echt und schonungslos sich Kinder zeigen, wie konzentriert sie bei einer Sache sind, wie sie sich plagen, etwas vollbringen zu wollen, wie sie sich auf das Malen einlassen, wenn sie staunend etwas entdecken, wenn sie sind, wie sie sind, rührt mich dies sehr an. Es ist anstrengend, meinen inneren Beifall zurückzuhalten, aber ich tue es, weil mein Bewegtsein etwas mit mir zu tun hat und ich das Kind in seinem Tun nicht stören darf. Wenn wir, das Kind und ich in Beziehung stehen, dann wird es ohne Worte meine innige Teilnahme an seinem Da-Sein spüren.

Lernen durch Bestätigung

Eine Mutter sitzt auf dem Rand des Sandkastens. Ihr zweijähriges Mädchen spielt im Sand. „Kuchen backen!", fordert sie ihre Mutter bittend auf. Da sie kein Sandspielzeug dabei haben, formt die Mutter mit beiden Händen eine Sandkugel, legt sie auf den Ziegelrand und drückt die Kugel sanft zu einem Kuchen. Irena patscht mit ihren Händen auf die Form und hinterlässt mit Freude und Erstaunen ihre Fingerabdrücke. Gleich darauf wischt sie temperamentvoll den Sand nach allen Seiten, so dass sich am Ende der „Kuchen" außerhalb des Sandkastens befindet.

„Nochmal Kuchen backen!", feuert die Tochter ihre Mutter an. Beide lächeln sich zu und es wiederholt sich die gleiche Szene. Die Sandkugel, der Kuchen, die Fingerabdrücke und das wilde Wegwischen des Sandes.

Jetzt mischt sich die Erwachsenenhand ein und schiebt den Sand in das Sandkasteninnere. Die Mutter beschreibt ihre Handlung mit erklärenden Worten: „Der Sand soll wieder in den Sandkasten zurück, schau so!" Und sie streicht langsam die restlichen Sandspuren von dem Mäuerchen.

Das Töchterchen wünscht sich einen neuen Kuchen. Beide machen sich gleichzeitig ans Werk und abermals verteilt Irena den Sand nach allen Seiten. Die Mutter gibt nicht auf, demonstriert geduldig, fast genüsslich, wie sie den Sand in den Sandkasten zurückkehrt. „Schau so, siehst du, meine Süße?". Das Sandspiel wiederholt sich noch ein paar Mal, wobei das Kuchen backen nicht mehr an erster Stelle steht, wichtiger ist, den Sand gezielt auf das Mäuerchen zu streuen, um ihn anschließend in eine bestimmte Richtung verschwinden zu lassen.

Ich beobachte, dass das Kind große Freude an diesen Bewegungen hat und dass es die Aufgabe erkannt hat. Sicher ist es nicht leicht, diese Aufgabe zu erfüllen, denn ihre Bewegungen gehen von dem Schultergelenk und dem Ellenbogen aus und es ist leichter, den Sand nach außen und zu den Seiten zu schleudern, als ihn gezielt nach innen zu streichen. Auch die Mutter erkennt die Schwierigkeit und lässt Irena in Ruhe.

Jetzt werden die Kinderhände bzw. ihre Bewegungen gewollter, gezielter und geschickter. Irena übt und vernimmt zusätzliche Unterstützung: „Ja, genau so, fein, jetzt ist der Sand wieder im Sandkasten, prima, du kannst es!"

Kuchen backen und Sand „aufräumen" wechseln sich ab, die lobenden Kommentare der Mutter werden weniger, erscheinen überflüssig. Irena ist ganz in ihr Spiel vertieft und hat die Aufgabe verinnerlicht.

Interesse und Achtung für das Tun des Anderen

Während ich mit Pflanzen, Blumenblüten und Erde experimentierte, holte eine Freundin wortlos eine Leiter, einen Hammer, Nägel und einen Nylonfaden. Sie spannte den Faden durch den Wohnraum, damit ich, wenn ich wollte, meine fertigen Arbeiten aufhängen könnte. Zögernd tat ich dies auch. Dietlind zeigte nicht nur Interesse an meinen Versuchen und Ergebnissen. Sie gab mir die Gelegenheit und forderte mich auf, zu mir, zu meinen Resultaten zu stehen. Ich nahm ihr Angebot dankend wahr, meine Bilder aufzuhängen, statt sie in einer Mappe verschwinden zu lassen.

Im Kindergarten war es mir immer wichtig, den Kindern für ihr Spiel und ihre Arbeit je nach Situation genügend Platz, Material, Zeit und Schutz anzubieten. Wer das Bedürfnis hatte, sich zu präsentieren, bekam die Möglichkeit, dies zu tun. Manche Kinder wollten ihre Bilder aufhängen, ein Experiment, ein Bauwerk zeigen, ein Ergebnis auf die Kommode stellen oder sie wünschten sich Zuschauer für ihre Zirkus-Vorstellung, für ihre Tänze und Bewegungsspiele. Die Wertschätzung ihres Tuns vernahmen sie als Lob.

Ich hab's doch nur gut gemeint ...

Der fünfjährige Simon sitzt am Tisch und zeichnet. Eine Kollegin aus der anderen Gruppe besucht uns für einen kurzen Moment und kommentiert im Vorübergehen Simons Zeichnung. „Ich weiß, was du das malst, das ist ein Schwimmbad. Das ist aber schön. Habe ich recht?" Simon antwortet nichts, seine Körperhaltung erstarrt, seine Hand malt nicht weiter, sein Kopf bleibt gesenkt. Sein Blick verfolgt die Kollegin verächtlich. Als die Kollegin den Raum wieder verlassen hat, erhebt sich Simon von seinem Platz, zerknüllt sein Blatt und wirft es in den Papierkorb. Ich frage erstaunt nach dem Warum. Verärgert antwortet er: „Ich habe etwas falsch gemalt, es ist nicht richtig geworden." Seine Aussage überrascht und erschüttert mich. Simon ist zwar kritisch, zeichnet aber viel, gern und gut. Etwas hat ihn aus der Fassung gebracht.

Der Kommentar der Erzieherin war wohl weniger ein echtes Lob, als der Versuch, einer Kontaktaufnahme. Simon durchschaute beides und es nervte ihn, gestört zu werden. Er ist sehr sensibel und empfindsam, Annäherungsversuche und ungefragtes Lob verunsichern ihn.

Ich habe ihn später vorsichtig gefragt, was passiert sei und ob er mir das zerknüllte Blatt schenken würde. Er verweigerte jegliche Auskunft mit Kopfschütteln und verlegenem Lächeln.

Vertrauen macht Mut

Ich bin gerade bei meiner Tochter und beobachte zu meiner Überraschung, dass Franzi, 11 Jahre, eine Freundin des Hauses, das Baby Isabella geschickt wickelt. Während sie gewandt, sicher und konzentriert mit der Windel, dem Auf- und Zuknöpfen des Bodys und den strampelnden Beinchen von Isabella beschäftigt ist, frage ich sie mit zweiflerischem Unterton nach ihren Erfahrungen mit Babys. Ich weiß, dass sie schon öfter auf kleine Kinder aufgepasst hat, aber der Umgang mit Säuglingen ist mir unbekannt. Sie wendet sich mit leuchtendem, aufrechtem Blick mir entgegen und teilt mir voller Stolz und Fröhlichkeit ihre Botschaft mit: „Meine ‚große Schwester' Riccarda (Mutter des Säuglings) traut mir ja alles zu!" Schmunzelnd wendet sie sich wieder dem Baby zu.

Ein Nachwort für den Neubeginn

Das Gelingen einer anstehenden Aufgabe

Die meisten Menschen haben irgendwelche Aufgaben, die ihnen manchmal schwer fallen, ich auch! Die Entscheidung **für** die Aufgabe geht voraus und ist maßgebend.

Als ich Leiterin einer Kindertagesstätte mit über 100 Kindern war, hatte ich viele Verwaltungsaufgaben zu erledigen. Meiner Ansicht nach war ich für diese Dinge unbegabt, sie waren mir fremd und unangenehm. Unlustig und mich bedauernd saß ich am Schreibtisch und war für jede Ablenkung bereit.

Um in dem Chaos, das vor mir lag, nicht unterzugehen, versuchte ich Notizen und anstehende Aufgaben nach Dringlichkeit zu ordnen. Alles war gleich wichtig und natürlich auch eilig: Telefongespräche, Statistiken, Bestellungen, Berichte, Zeugnisse, Personalien, Krankmeldungen, Urlaube, Dienstverschiebungen ... Der Katalog war unendlich.

Allein das Sortieren dieser Dinge machte mich fertig und anstatt ein Schild „Bitte nicht stören" an die Türe zu hängen, mich für die Arbeit zu entscheiden und sie vertrauensvoll zu beginnen, war mir jede Art der Unterbrechung herzlich willkommen. Kinder oder Eltern, die mich dringend brauchten, kamen mir gerade recht. Ein Glück, dass ich geschickte Kolleginnen hatte, die mir hilfreich zur Seite standen und mich von vielen Dingen befreiten.

Natürlich war die Verwaltungsarbeit nur ein Teil meiner Aufgaben und nicht der Hauptgrund, warum ich mich auf den Leiterinnen-Posten eingelassen habe. Viel mehr hatte ich eine pädagogische Idee im Kopf und im Herzen, die ich durchsetzen wollte.

Heute bin ich im Ruhestand und man könnte meinen, dass das Thema „Bei den Dingen bleiben" nicht mehr aktuell ist. Falsch! Renovierungsarbeiten, gewisse Hausarbeiten, bestimmte Briefe, Steuererklärungen zu schreiben, Sich-Befreien von unnötigen, überflüssigen Dingen, schaffen mir eine ähnliche Atmosphäre, wie das Arbeiten im Büro.

Ein unvergessliches Urlaubserlebnis hat mir zu diesem neuen Verständnis und zu einem klareren Bewusstsein verholfen, mich für oder gegen eine Sache zu entscheiden:

Wollberge

Mit meiner Freundin Gisela hatte ich in Italien in einem bezaubernden Haus eine Wohnung gemietet. Unsere sehr gepflegte Behausung stand mitten in der Natur, umgeben von Wiesen, Blumen, Bäumen, weichen Hügeln und Tieren. Ich kam mit Nazareno, einem Schäfer ins Gespräch und fragte ihn nach ein wenig Wolle, um eine Puppe nach „Waldorf-Art" zu füllen. Er war bereit, mir meine Bitte zu erfüllen und führte mich in das Waschen frisch geschorener Schafwolle ein. Ich bin in München aufgewachsen und hatte als Kind wenig Naturerlebnisse. Schafe kannte ich aus dem Bilderbuch, also hatte ich keine Vorstellung, was mir Nazareno liebevoll und fachmännisch beibringen wollte. Einige Tage später erhielt ich einen Sack voll Wolle, es war das Fell von fünf Schafen. Soviel hatte ich nicht erwartet, dankbar nahm ich das Geschenk an, ohne zu wissen, auf was ich mich einließ. Ich öffnete den Sack und nahm einen sehr ungewohnten, starken Geruch wahr. Mit unsicherem Lächeln verabschiedete ich mich dankend und begann den Sack zu leeren. Im Nu war die bereitgestellte Wasserwanne mit Wolle gefüllt. Der Sackinhalt dagegen war nur geringfügig weniger geworden. Nebenbei entdeckte Gisela meinen entsetzten Gesichtsausdruck, als ich zwischen der Wolle eine grünliche Masse fand. Lächelnd klärte sie mich auf, dass dies Schafskot sei und da Schafe Vegetarier seien, dieser fast nur aus Gras bestünde. Ich bin auch Vegetarier. Trotzdem musste ich mich erst langsam an den Geruch und das „Material" gewöhnen.

Ein paar Stunden oder eine Nacht lang sollte die Wolle in einer Kernseifenlauge eingeweicht bleiben. Die erste Etappe meiner Aufgabe war erfüllt und ich konnte mich in Ruhe anderen Dingen zuwenden. – Nein, leider nicht! Denn ich hatte eine Ahnung von einer „Suppe", die ich mir eingebrockt hatte und von der ich noch nicht wusste, wie ich sie wieder auslöffeln sollte.

Am nächsten Morgen genoss ich erst mal das Frühstück. Anschließend bewegte, rührte und wusch ich die Wolle, spülte sie mehrmals gründlich, drückte sie und hängte sie auf die Wäscheleine im Garten. Die Sonne schien, der Wind wehte sanft, die Wolle tropfte und erinnerte mich an Nikolaus-Bärte oder Hexen-Haare. Nun musste ich das schmutzige Wasser entsorgen und so schwang ich das Wasser eimerweise über die naheliegende Wiese.

Ich bereitete erneut die Kernseifenlauge, in der ich die nächste Portion Wolle einweichte. Im Sack verblieb immer noch ¾ der ursprünglichen Menge. Das machte mir Sorge. Sollte ich den größten Teil der Wolle wegwerfen? Wieviel Zeit würde ich während meines Urlaubs zum Säubern der Wolle „vergeuden"? Was sollte ich überhaupt mit so viel Wolle machen? Ich bin hierher gekommen, um mich auszuruhen, zu lesen, zu malen, träumen, baden, spazierenzugehen und Aus-

flüge zu unternehmen. Ich wollte nicht wieder die Zeit einteilen müssen, mich mit Dingen – Geschenken – belasten, die ich nicht wollte.

Am frühen Abend erwartete mich die Fortsetzung meiner Waschaufgabe. Etwas resignierend begann ich zu waschen, nahm schon fast bekannte Gerüche auf, spülte, entsorgte das Wasser auf dem Feld und legte die saubere Wolle auf den warmen Steinboden um das Haus, weil die Wäscheleine noch mit den feuchten Hexenhaaren belegt war. Es stellte sich eine neue Frage: Wie wird wohl meine Freundin reagieren, wenn ich mich auf diese Weise ausbreite und ständig meine Spuren hinterlasse? Zum Glück nahm sie meine Tätigkeit mit großem Vergnügen wahr, ihr wohlwollendes Entgegenkommen, ihre begeisterte Anteilnahme erleichterten mich über alle Maßen, sie gab mir das Gefühl, nicht lästig, sondern angenommen, sogar herzlich willkommen zu sein.

In diesem Moment wurde mir sehr bewusst, wie Kinder sich in ihrem Spiel, ihrem Handeln eingeengt fühlen, wenn sie nicht angenommen werden, zuviel Platz, Material, Zeit, Bewegung brauchen. Wenn sie fühlen, dass wir ihre Tätigkeit nicht gutheißen und etwas anderes, d.h. unsere Vorstellungen von ihnen erwarten. Ich bewundere sie, dass sie ihrer Idee nachgeben, sich meistens nicht vergraulen lassen und ihr Spiel durchsetzen. Der Enthusiasmus meiner Freundin legte mir die Entscheidung in den Schoß. Ich beschloss, mich auf die Wollgeschichte einzulassen, mich nicht zu wehren, meine vorgefertigten Bilder von Urlaubsvergnügen loszulassen, zu schauen was kommt, das gut gemeinte Geschenk anzunehmen und in meinem Tun zu bleiben, darin aufzugehen. Mit dieser Einstellung, die sich langsam entwickelte, geschah fast ein Wunder. Mit allen Sinnen und viel Vergnügen wurde das Behandeln der Wolle zum Erlebnis. Ich hatte keine Hast mehr, die aufgetauchten Kreuzschmerzen verschwanden, ich ließ mich nicht ablenken, war mit den Gedanken nicht am See oder beim Malen, sondern ganz bei der Weichheit der Wolle, dem Weiß-Werden der Wolle, dem Verfärben des Wassers, bei dem mittlerweile sehr bekannten Geruch der Schafe. Was ich vorher als Pflicht empfand, wurde zum Vergnügen. Als ich die letzte Hand voll Wolle gewaschen hatte, tat es mir fast leid ...

Sicher hätten sich meine Verwaltungsaufgaben als Leiterin einer Kindertagesstätte nicht in der Art verwandeln lassen. Ich bin aber überzeugt, dass das Gelingen einer anstehenden Arbeit von meiner Entscheidung für sie abhängt. Entscheide ich mich – unbewusst oder bewusst – gegen meine Aufgabe, so wird sie zum „Energie-Räuber", beschwerlich, belastend, anstrengend und ich fühle mich als Opfer.

Entscheide ich mich für die Aufgabe, schwingen positive Energien mit, und die Aus-

führung entwickelt sich leichter, schneller, vergnüglicher, sie ist mit angenehmen Gefühlen verbunden.
Die Entscheidung für eine Aufgabe beinhaltet aber auch den Verzicht auf etwas anderes. Mein Wohlbefinden hängt davon ab, ob ich mich im Verzicht, dem Mangel, der Entbehrung aufhalte oder ob ich mich wohlwollend, mit allen Sinnen, ganz und gar einer Aufgabe zuwende. Ich wünsche Ihnen gutes Gelingen für Ihre bevorstehenden Aufgaben und Prozesse.

ziemlich abseits
wo fuchs und has
sich friedlich
gutenacht sagen
und auch sonst keiner
dem anderen
etwas ein
oder ausreden will
liegt der platz
an der sonne

allen unkenrufen zum trotz

wer mag
kann sich aufmachen
und ausprobieren
wie man sich fühlt
unter milderen umständen

mir tun sie gut

Dietlind Kinzelmann

Danksagung

Mein besonderer Dank geht vor allem an Dietlind Wiesend, die mich mit ihrer Begeisterung ermutigt hat und die mein handgeschriebenes Skript lesbar machte und an Dietlind Kinzelmann, die mir erlaubte eines ihrer Gedichte abzudrucken.

Herzlichen Dank an alle, die mich durch Gespräche inspiriert und die Teile meines Skripts gelesen und ihre Meinung geäußert haben:

Svjetlana Delač, Karin Forstmeier, Gisela Hagedorn, Ingrid Heller, Anna Horvath, Dorothée Kreusch-Jacob, Karola Nguyen, Riccarda, Gisela Schwab, Rudi Seitz, Monika Spickhoff, Monika Sellmayr, Susanne Stöcklin-Meier, Elke Tanner.

Vielen Dank an die, die mir die Interviews gegeben haben. In diesem Zusammenhang auch mein Dank an Ulli und ihre Kindergarteneltern.

Herzlichen Dank an die Leiterin der Kindertagesstätte Alfonsstraße, Evi Kraus, die mir Tür und Tor für Fotos, Interviews, Gespräche und Beobachtungen geöffnet hat, ebenso an Frau Elisabeth Meier und ihre Kollegin Myriam Uhde, in deren Gruppe ich mich besonders oft aufhielt. Danke an alle Kolleginnen des Hauses, die mir immer noch mit Herzlichkeit begegnen.

124 S., zahlreiche s/w-Fotos, kartoniert, 8. Auflage, ISBN 3-7698-0520-8

Maria Caiati
Freispiel – freies Spiel?
Erfahrungen und Impulse

Lernen Kinder nichts, wenn sie „nur" spielen? Freispiel ist kein zufälliger „Lückenbüßer" bis das „richtige", gelenkte, von Erwachsenen vorbereitete Spiel beginnt. Im Freispiel machen Kinder grundlegende Lebenserfahrungen, verarbeiten bisher Gelerntes, ordnen es in ihr Weltverständnis ein und erweitern dieses zugleich.

Das Autorinnenteam zeigt die Bedeutung des freien Spiels für die kindliche Entwicklung auf und plädiert für das Freispiel als Basis der Kindertagesstättenarbeit. Anhand praktischer Beispiele erläutern die Autorinnen, welchen Stellenwert dabei der Beobachtung des kindlichen Spiels zukommt, und sie zeigen auf, welche Rahmenbedingungen das Freispiel im Kindergartenalltag braucht.